MON CAHIER D'ÉVEIL SPIRITUEL
TAROT

W0321471

ISBN : 978-2-36188-502-1

www.editions-tredaniel.com
info@guytredaniel.fr
www.facebook.com /editions.tredaniel
@editions_exergue
@tredaniel_eso

MON CAHIER D'ÉVEIL SPIRITUEL

TAROT

Caroline DROGO

ÉDITIONS
EXERGUE
27, rue des Grands-Augustins
75006 Paris

Sommaire

II. Intégrer

III. Interpréter

IV. S'amuser

Introduction

Si tu as ce cahier entre les mains, c'est que sûrement tu te sens attiré·e par ces cartes et leurs mystères. Tu cherches une façon simple de retenir par cœur ces 78 cartes. De te sentir suffisamment en confiance pour faire un tirage à un·e ami·e ou de pouvoir utiliser le tarot pour te guider dans tes choix de vie.

Ensemble, nous allons voir l'histoire du tarot, la signification des cartes, apprendre à faire des tirages et aussi nous amuser à créer notre propre langage, notre propre vision des arcanes.

Depuis 2017, je ne crois plus au hasard. 2017, c'est l'année où le tarot est entré dans ma vie.

Et au fond de moi, j'ai cette croyance que nous ne choisissons pas de faire du tarot. C'est lui qui nous choisit.

Avant de commencer, voici quelques superstitions autour du tarot. À ton avis :

1. Le tarot sert à prédire l'avenir : vrai ou faux ?

....

2. Il faut se faire offrir son premier jeu de cartes : vrai ou faux ?

....

3. On ne peut pas se tirer les cartes à soi-même : vrai ou faux ?

....

4. Il y a de bonnes et de mauvaises cartes : vrai ou faux ?

....

5. Les cartes mineures sont moins importantes que les majeures : vrai ou faux ?

....

6. Il faut toujours tirer les cartes de la main gauche : vrai ou faux ?

....

1. Non, le tarot ne sert pas (seulement) à prédire l'avenir.
C'est un outil, un support, qui va te permettre de mettre des mots sur ce que tu ressens. Comme un miroir de tes émotions intimes, les cartes ne prennent pas de pincettes. Elles sont là pour donner une guidance, honnête, parfois douloureuse. Faire un tirage te permettra aussi de te conforter dans tes choix. De faire un travail de reconnexion avec ton intuition.

2. Non, il ne faut pas forcément se faire offrir son premier jeu de tarot.
Il y a cette croyance que l'on doit recevoir notre premier jeu en cadeau. Si tu veux apprendre le tarot, offre-toi un tarot. C'est tout simple. L'intention avec laquelle tu feras tes tirages sera plus importante que la provenance du jeu.

3. Se tirer les cartes à soi-même.
Tu peux te tirer les cartes ; après, c'est comme tout, est-on bien objectif·ve avec soi-même ? Il faut arriver à faire une interprétation honnête de son tirage. Sans se voiler la face et sans pester contre les cartes si ce n'est pas celles que l'on voulait !

4. Il y a de bonnes et de mauvaises cartes.
C'est comme dire : « Il y a de bonnes et de mauvaises personnes. »
Il y a des parts d'ombre et de lumière en chacun·e de nous. Pour le tarot, c'est la même chose.

La Mort, le Diable, le Pendu ne sont pas négatifs. Il y a des leçons, des forces que nous pouvons en tirer.

5. Les arcanes mineurs sont tout aussi importants que les majeurs ! Ces cartes ont un éventail de subtilités sur des thématiques plus terrestres, comme la peur de manquer d'argent, le besoin de cicatriser une rupture... Se priver de ces cartes serait bien dommage. Oui, il y en a beaucoup à retenir mais, promis, tu vas y arriver !

6. Il faut toujours tirer les cartes de la main gauche : vrai ou faux ?
C'est à toi de choisir. C'est une vieille tradition de tirer les cartes avec la main gauche, la main intuitive. Car, à l'époque, on l'associait au cœur. On pensait qu'une veine connectait directement le cœur et cette main via l'annulaire. Le doigt de l'alliance ! Aujourd'hui, grâce à la science, nous savons que ce n'est pas le cas, mais la tradition est restée. Personnellement, je respecte la tradition et tire de la main gauche.

I. Apprendre

L'histoire du tarot

Le tarot, sous la forme que l'on connaît, est apparu en Italie au XVe siècle. Cependant, les historiens ne sont pas d'accord quant à l'origine de ces cartes. Sont-elles inspirées de l'Égypte antique, des Celtes, des cartes orientales ou des Cathares ? Mystère.

Le but premier de ces jeux n'était pas de les utiliser comme support de divination, mais comme cartes à jouer ! D'ailleurs, les cartes italiennes actuelles sont fondées sur la même structure que les mineures dans notre tarot.

Il existe des milliers de jeux et d'interprétations artistiques des arcanes, mais les deux plus connus sont le tarot de Marseille et le Rider Waite Smith. Ce cahier est basé sur et fait référence à ces deux jeux.

Le tarot de Marseille

Apparu en France aux alentours de 1494, le *tarrocchi* est apporté par des soldats français revenus d'Italie à la suite de l'invasion menée par Charles VIII.
Le tarot de Marseille, tel que nous le connaissons aujourd'hui, est une multitude d'interprétations, de relectures de ce jeu.

Le Rider Waite Smith

Il a été publié en 1909, illustré par Pamela Colman Smith, sous la direction d'Arthur Edward Waite et publié chez la Rider Company.

C'est le jeu le plus utilisé chez nos amis anglophones et le plus populaire dans la pop culture.

Dans cette version, les auteurs ont simplifié le jeu, surtout dans les dessins des cartes mineures. Les arcanes sont plus explicites grâce aux illustrations représentant la symbolique de la carte. À noter aussi que les symboles chrétiens ont été retirés pour s'adapter à la culture anglicane. Adieu le Pape et la Papesse donc : dans cette version, nous avons *le Hiérophante* et *la Grande Papesse*.

Se préparer à faire un tirage

Voici quelques conseils pour bien se préparer avant de faire un tirage :

1. Être dans un endroit calme, téléphone en mode avion !
2. Allumer une bougie et faire une courte méditation pour se recentrer.
3. Ne pas être malade, avec une migraine ou fatigué·e !
4. Purifier avec de la fumigation son jeu de cartes, surtout si c'est la première utilisation !
5. Créer sa chorégraphie de mélanges et de coupes. (Personnellement, c'est toujours 7 mélanges et 3 coupes.)
6. Tu peux tirer les cartes à l'envers ou uniquement à l'endroit. Utilise la façon qui te parle le plus.
7. Si une carte « saute » du paquet pendant que tu mélanges, il faut en tenir compte ; garde-la sur le côté, c'est un message important !

MOTS MÉLANGÉS

```
E M P E R E U R C H O B I C O U P E S E Z
M U E L U N E F A S R O I D E B A T O N S
P L U I G A R V E I M P E R A T R I C E G
E V I D A G V L E M S O U T A C R A W A E
M I N B A T S O L E I L V I E B A T O N S
V A L E T D E P E N T A C L E S V I V A C
O U R A C T E M P E R A N C E O D E L A H
R O B L O I T C A H E R M I T E R E I N E
P E N D U F E L A M A J E U R E S E L L I
K A P A L V A M I D A C O U B A I L A B A
D I A B L E D P A P E S S E U A M U D E S
F A E P E E S G A T U S O L E I L G A R L
R Z A F R E J U G E M E N T D E D V O U T
E P R A S L E C H A R I O T D A M S U S A
P A U A M C H A Z M O N D E Q U A T R E Z
M O R E F I M E B O U O G F O R C E O I T
F I K O I P I E L I M A F I E G E M I R A
R O U E D E F O R T U N E B E L A I M E T
A P M O I B A M U P H T A S C A L E F O U
S E P T D E P E E S A L K L E T O I L E N
```

Bâtons	Épées	Majeures	Roi de Bâtons
Chariot	Force	Monde	Roue de Fortune
Coupes	Hermite	Papesse	Sept d'Épées
Diable	Impératrice	Pendu	Soleil
Empereur	Jugement	Quatre	Tempérance
Étoile	Lune	Reine	Valet de Pentacles

Signification des cartes

Arcanes majeurs

0. Le Fou/le Mat

Le chiffre 0 : début et fin de cycle. La roue du temps. Le fini et l'infini.
Le mantra : « Je réponds à l'appel de l'univers. »

Nouveau départ, tu démarres une nouvelle aventure ! Même si ton nouveau projet de vie (déménager, lancer une entreprise...) peut sembler fou pour ton entourage, tu le sens au plus profond de toi, c'est le moment ou jamais. Tu es optimiste, plein·e de volonté. Bien sûr, tu le sais, tu t'engages sur une route encore un peu floue. Il va donc falloir travailler dur et sortir de ta zone de confiance. Tu en es capable. Tu es prêt·e. Suis ton intuition.

À l'envers : ce n'est pas le moment d'y aller. Tu ne le sens pas du tout, quelque chose te retient. Tu ne te sens pas capable de concrétiser ce projet que tu as en tête. C'est un faux départ, il n'y a pas assez d'énergie, de volonté pour foncer.

1. Le Magicien/le Bateleur

Le chiffre 1 : l'action, l'affirmation de soi, énergie, création.
Le mantra : « Je suis la créatrice, le créateur de mon destin. »

C'est le moment de passer à l'action. Les choses sérieuses commencent. Tu as tout pour réussir : une très bonne communication (orale, écrite, ou via Internet avec les réseaux sociaux), le charisme et la volonté de concrétiser ce projet.
Tout commence par toi. Tout part de toi.

À l'envers : tu as l'envie d'y aller, pourtant tous les éléments ne sont pas réunis ici. Il y a trop de dispersion, le projet n'est pas encore tout à fait défini. Il va falloir travailler et s'organiser un peu plus !

2. La Papesse

Le chiffre 2 : l'association, la dualité, l'équilibre.
Le mantra : « La connaissance de soi est la clé de sa force. »

Tu es à présent dans une période d'étude de toi-même. Chaque jour, tu en apprends davantage sur toi et tu explores un peu plus ta spiritualité. Des forces que tu as enfouies en toi vont se révéler au fur et à mesure. Cette connexion à ton énergie peut te pousser à t'isoler un peu, le nez dans tes livres !

À l'envers : tu n'as pas conscience de ta valeur, tu rases les murs. C'est dommage car tu as énormément de potentiel inexploité. Prends confiance en toi, en ton intuition, et ose !

3. L'Impératrice

Le chiffre 3 : l'exploration, l'art, la création.
Le mantra : « Je suis l'artiste de ma propre vie. »

Cette carte symbolise la fertilité, d'esprit ou de corps. Tu ressens une profonde connexion à ton corps, ta créativité, ta sensualité. L'envie d'explorer est bien là ! Je ne peux que t'encourager dans cette voie ; cependant, attention de ne pas partir dans tous les sens !

À l'envers : si tu tires cette carte à l'envers, peut-être fais-tu face à un blocage créatif ou bien de fertilité ? Tu n'oses pas t'affirmer, te montrer, tu retiens tout en toi.
Le conseil ici est d'exprimer ta douleur et des doutes via l'expression créative.

4. L'Empereur

Le chiffre 4 : la structure, le travail, l'organisation.
Le mantra : « Je ne laisse pas de place aux doutes, seulement à la stratégie. »

Si cette carte est entre tes mains, c'est que tu veux réussir et que tu es prêt·e à t'en donner les moyens. Le job de l'Empereur est de conquérir de nouveaux domaines pour faire grandir son empire et pour ça, il compte sur son travail acharné, sa stratégie et sa détermination ! Il est l'heure de mettre ta couronne !

À l'envers : ce qui te fait défaut aujourd'hui est ton manque de structure, il te faut à présent agir en adulte, prendre tes responsabilités. Cette carte peut aussi faire référence à une défiance envers l'autorité.

5. Le Pape

Le chiffre 5: la transformation, le changement, l'expansion.
Le mantra: « J'écoute. »

Le Pape symbolise la structure dont tu as besoin pour avancer. Il peut représenter un·e coach, un·e thérapeute, un·e enseignant·e... une personne d'autorité qui te donne des clés pour que tu puisses progresser.

À l'envers: une chose est sûre, si cette carte est dans ta main, c'est que tu n'es pas en recherche de validation! Par contre, ne sois pas en total rejet des conseils que l'on peut te donner. Tu as envie de faire les choses à ta manière, sans diktats, sans pression sociale!

6. Les Amoureux/l'Amoureux

Le chiffre 6: la recherche d'harmonie, l'affection, la stabilité, la famille.
Le mantra: « L''amour est un travail de tous les jours. »

Bien sûr, c'est la carte de l'amour et du couple, mais c'est surtout la représentation du choix à faire en amour. Il y a une tension, une décision doit être prise. Es-tu prêt·e à t'engager, à faire des choix forts par amour?

À l'envers: si tu es en couple, cette carte montre que ton union est actuellement en déséquilibre. Tu sais qu'il faudrait agir; cependant, tu ne le fais pas. Si tu es célibataire, cette situation te pèse et tu peux à force être dans un pessimisme qui ferme ton cœur à l'amour.

7. Le Chariot

Le chiffre 7 : prudence, réflexion, dépasser les obstacles.
Le mantra : « Si je veux, je peux. »

Deux routes se dessinent pour toi. Il faut trancher, mais une fois que tu as pris ta décision, il n'y aura pas de retour en arrière. Tu seras déterminé·e, cependant l'avancée sera lente, doucement mais sûrement, les choses se mettront en place progressivement.

À l'envers : tu as différents chemins possibles, tu ne sais pas dans quelle direction aller… Il peut aussi y avoir un manque de motivation qui joue. Est-ce que tu te dis que c'est trop compliqué ? Ne reste pas dans l'inaction, prends du temps pour réfléchir à tes envies et ajuste ensuite tes actions.

8. La Justice

Le chiffre 8 : détermination, justice, ambition.
Le mantra : « Suis ton intuition. »

Avec la balance, tu pèses le pour et le contre ; avec l'épée, tu tranches ! La Justice est une invitation à régulariser une situation. Il peut y avoir une signature de contrat, par exemple. Parfois, il est question de faire un bilan. Es-tu bien aligné·e avec tes envies, tes valeurs ?

À l'envers : il y a quelque chose qui te perturbe, tu ne te sens pas aligné·e, en accord avec tes valeurs. Dans certains cas, au contraire, tu te montres beaucoup trop rigide. Il te faut sortir ta balance et peser le pour et le contre !

9. L'Hermite

Le chiffre 9 : fin de cycle, réflexion, s'accomplir.
Le mantra : « Prendre soin de mon énergie est ma priorité. »

Tu es dans une période de bilan. Tu ressens l'envie de t'isoler pour faire le point. C'est aussi une période d'ouverture spirituelle car, comme la maison 9 en astrologie, l'Hermite va chercher dans les livres la connaissance comme nourriture de l'esprit. C'est le moment de reprendre ton abonnement à la bibliothèque de quartier !

À l'envers : cette carte est une invitation à faire un bilan. Et on dirait que tu repousses cette introspection. Tu ne prends pas le temps de regarder le passé, de tirer des conclusions, tu restes donc dans un schéma qui se répète sans cesse.

10. La Roue de Fortune

Le chiffre 10 : fin de cycle, réflexion, s'accomplir.
Le mantra : « La vie est un cycle. »

Cet arcane représente le changement de cycle. Si tu as l'impression d'avoir été dans un cycle, disons-le, « pourri »... eh bien, cette carte est là pour t'annoncer du changement.
Cependant, soit ouvert·e aux signes que l'univers t'envoie, car la route ne sera peut-être pas celle que tu imagines.

À l'envers : tu peux avoir la sensation d'être pris·e dans une spirale sans fin. Le rythme est très intense en ce moment pour toi. Alors non, tu n'es pas maudit·e, tu n'as pas le mauvais œil. N'aie pas peur du changement, accueille les possibilités.

11. La Force

Le chiffre 11 : connexion, inspiration, énergie.
Le mantra : « J'ai toutes les ressources en moi. »

Tu as la force de te battre pour ce qui te tient à cœur, mais il faut arriver à trouver l'équilibre entre la détermination et la diplomatie. La véritable force est la maîtrise de soi.

À l'envers : il faut que tu retrouves ta force intérieure. Un événement semble avoir diminué ta confiance en toi. Tu dois te remettre en action ! Exprimer tes ressentis et retrouver ton pouvoir !

12. Le Pendu

Le chiffre 12 : épreuve, sacrifice, fragilité.
Le mantra : « C'est à travers les épreuves que nous apprenons de nous-même. »

Tu es bloqué·e dans une situation que tu ne peux contrôler. Comme le Pendu, tu attends que quelqu'un vienne te délivrer. Cette carte t'invite, dans ce moment de blocage, à faire une introspection de ta vie. Quels sont les choix qui t'ont conduit·e à cette situation ?

À l'envers : tu es bloqué·e dans une situation, mais il te faut ici passer à l'action ! Ne reste pas dans une passivité qui te limite plus qu'autre chose, ne baisse pas les bras et réfléchis à ton plan d'action !

13. La Mort

Le chiffre 13 : fin d'un cycle, renaissance, reconstruction.
Le mantra : « Rien ne change, si rien ne change. »

Tu le sais, quelque chose ne te convient plus. Une relation, un travail, un comportement que tu as ? En tout cas, tu es prêt·e à changer les choses ! Alors, comme pour les montgolfières, on lâche le poids du passé pour s'élever *like a boss* !

À l'envers : si tu as cette carte, c'est que tu sens au fond de toi que les choses doivent changer ; pourtant, tu restes là. Il va falloir oser aller de l'avant.

14. La Tempérance

Le chiffre 14 : équilibre, adaptation, changement.
Le mantra : « L'équilibre est la clé. »

Cette carte t'invite à retrouver ta stabilité. Il y a beaucoup d'évolutions dans ta vie. Il te faudra peut-être faire des compromis. Le conseil de cette carte est de trouver le juste milieu. Ce n'est donc pas le moment de créer du « drama » !

À l'envers : en ce moment, tu es dans les extrêmes, désaligné·e et beaucoup trop dans l'excès. Tu dois retrouver une stabilité et du calme. Ton corps et ton esprit ont besoin de douceur !

15. Le Diable

Le chiffre 15 : passion, tentation, excès.
Le mantra : « Se respecter, c'est respecter ses limites. »

Cette carte indique que tu as de grandes capacités, tu es magnétique, déterminé·e, intelligent·e, mais tu manques de contrôle ! Tu es dans une passion non maîtrisée.
Tu ne prends pas en compte les *red flags* sur ta route. Tu dois impérativement ralentir, respecter tes limites, avoir un regard logique et raisonné sur ta situation.

À l'envers : tu es en train de te défaire d'une situation qui n'était pas bonne pour toi. Tu as l'opportunité d'un nouveau départ. Libère-toi de tes chaînes.

16. La Tour/la Maison Dieu

Le chiffre 16 : chute, écroulement, difficulté.
Le mantra : « L'univers me fait vivre ce que je suis prêt·e à vivre. »

Quelque chose doit s'écrouler pour que tu puisses reconstruire une base solide. Si tu as cette carte en main, tu as sûrement eu (ou tu vas avoir) une mauvaise nouvelle. Une rupture, une démission… ça fait mal, mais avec le temps, tu verras que c'était mieux ainsi. Imagine-toi, tes guides, là-haut, qui se disent : « Mais pourquoi il·elle reste là ?! OK, on va détruire son château de cartes pour le·la remettre sur la bonne route. »

À l'envers : tu sembles foncer et donner, malgré les drapeaux rouges et autres signaux d'avertissement sur ta route ! Et tu le sais, pourtant, que cette route n'est pas la bonne pour toi.

17. L'Étoile

Le chiffre 17 : surmonter les difficultés, harmonie, espoir.
Le mantra : « Je sais que tout ira bien. »

Les derniers temps ont été durs. Mais, à présent, tu guéris. Tu te retrouves et tu es à nouveau optimiste. Tu as ta bonne étoile au-dessus de la tête, tu te reprends en main. La route est plus claire, tu fais confiance à ton destin.

À l'envers : tu as perdu ta boussole interne. Tu ne sais plus si cette place est la bonne pour toi, peut-être même que tu remets en cause l'univers ou tes guides. Il y a pourtant beaucoup d'opportunités autour de toi. Il faut que tu reprennes espoir.

18. La Lune

Le chiffre 18 : l'intuition, les émotions, la tristesse.
Le mantra : « Il n'y a pas de lumière sans ombre. »

Cette carte représente les épreuves du passé à affronter. N'y a-t-il pas une peur qui te limite ? Un événement perturbant qui s'invite dans ta vie de façon cyclique ? Si tu as cette carte, c'est que tu es prêt·e à tourner la page, à aller creuser dans tes parts d'ombre pour te débarrasser de peurs limitantes. Ton intuition est bonne, fais-toi confiance.

À l'envers : tu fais l'autruche depuis beaucoup trop longtemps maintenant ! Il y a un souci, un trauma, une peur sur laquelle tu dois travailler pour t'en délivrer. C'est l'heure de travailler sa part d'ombre.

19. Le Soleil

Le chiffre 15 : dynamisme, succès, protection.
Le mantra : « Sois une lumière dans ce monde. »

Tu es dans une très belle énergie en ce moment. Tu as la vitalité, l'envie de profiter des bonheurs simples de la vie. La vie est belle et tu as assez de force pour partager cette vision avec les membres de ton entourage qui ont besoin de cette lumière.

À l'envers : si cette carte est entre tes mains, c'est que les temps sont durs pour toi. Comme un ciel sans soleil, tu sens que ton énergie est en baisse. Il faut que tu retrouves ta lumière, ta vitalité !

20. Le Jugement

Le chiffre 20 : changement, transformation, éveil spirituel.
Le mantra : « Fais confiance à la magie des nouveaux départs. »

Tu as eu un déclic, une prise de conscience, comme si tu revenais à la vie. Tu te retrouves et cette fois, tu prends les choses en main ! Tu es plus déterminé·e que jamais. C'est un nouveau départ qui s'offre à toi. Dans un tirage *love*, cette carte peut annoncer le retour d'un·e ex...

À l'envers : alors, tu sais ce qu'il te reste à faire, pourtant, tu ne passes pas à l'action ! Est-ce que le changement te fait trop peur ? Ou ne te sens-tu pas assez fort·e pour y arriver ? Cette carte te dit que tu en es capable.

21. Le Monde

Le chiffre 21: réussite, protection, équilibre.
Le mantra : « Être fièr·e du chemin parcouru. »

Cette carte symbolise l'accomplissement et la réussite. C'est l'accouchement de soi (ou dans certains cas, l'accouchement d'un enfant !). Nos projets se concrétisent, on peut enfin savourer le chemin parcouru. Un livre se ferme et, comme toute chose, le cycle reprend à la carte 0, le Fou/le Mat...

À l'envers : tu n'es pas satisfait·e de ta situation... Il te manque quelque chose pour être réellement fier·ère. Ne laisse pas cette frustration t'empêcher de savourer tes victoires, même les plus petites !

Testons tes connaissances des cartes majeures !

Relie les arcanes avec l'explication correspondant à la carte :

L'Hermite •	• « Le nouveau départ, je suis prêt·e à me lancer. »
Le Soleil •	• « Je suis au bon endroit au bon moment, je prends le temps de guérir. »
Le Fou •	• « Je prends le temps de faire le point, pas de décision pour l'instant. »
Le Jugement •	• « J'ai une très grande vitalité, je me sens bien, je veux profiter de la vie. »
L'Étoile •	• « Je reprends le contrôle de ma vie, c'est un nouveau départ. »

*Réponses : l'Hermite : « **Je prends le temps...** », le Soleil : « **J'ai une très grande vitalité...** », le Fou : « **Le nouveau départ...** », le Jugement : « **Je reprends le contrôle de ma vie...** », l'Étoile : « **Je suis au bon endroit au bon moment...** ».*

Arcanes mineurs

Le scénario

Il faut voir les cartes mineures comme un scénario, une histoire qui a la même structure pour chaque famille, mais dans différents domaines.

Voici les étapes :

1. Nouveau chapitre, début, action.
2. Décision, équilibre, dualité.
3. Collaboration, création, exploration.
4. Stabilité, structure, organisation.
5. Crise, conflit, déséquilibre.
6. Réussite, ouverture, concrétisation.
7. Patience, révélation, isolation.
8. Action, confiance, adopter une nouvelle vision.
9. Confort/inconfort, affirmation, isolation.
10. Transmission, pression, aboutissement.

Valet. Apprentissage, ouverture, initiation.
Cavalier. Action, détermination, impulsivité.
Reine. Monde intérieur, ajustement, prendre soin de soi.
Roi. Ordonner, maturité, concrétisation.

Comme la vie, le tarot représente un cycle qui se répète sans cesse.

C'est ce cycle qui nous permet d'évoluer et de progresser.

Les Coupes

Élément : l'eau
Signes astro : Cancer, Scorpion, Poissons

Les émotions, les relations, la sensibilité, l'amour, l'empathie, l'intuition.

L'astuce mémo : la coupe est un réceptacle, pour recueillir de l'eau, des larmes, nos émotions...

As de Coupes

C'est un nouveau chapitre sentimental qui démarre. Est-ce une nouvelle rencontre, une naissance, un mariage ou bien une reconnexion à toi ? Ce qui est sûr, c'est que tu es prêt·e pour commencer ce chapitre, alors n'aie pas peur de faire le grand saut, il est temps.

À l'envers : peut-être as-tu trop longtemps étouffé tes sentiments ? Aujourd'hui, tu te sens vidé·e. Il y a un blocage émotionnel. Tu aimerais être capable de vivre sans cette carapace que tu t'es construite, mais cela te semble surréaliste. Il est temps aujourd'hui d'accepter ta vulnérabilité et de travailler sur toi.

Deux de Coupes

Cette carte représente une rencontre déterminante, amicale ou amoureuse. Une personne bien intentionnée entre dans ta vie. Il y a une sincérité entre vous, une envie commune de voir l'autre heureux·se et de lui apporter un soutien.

À l'envers : il y a une alliance, une relation, qui ne fait plus sens aujourd'hui pour toi. Vous n'avez plus la même vision, il y a un profond déséquilibre. Dans le cadre d'un tirage sur l'amour, si tu es célibataire, c'est que tu souffres de ne pas avoir encore rencontré une personne sincère.

Trois de Coupes

Tu as besoin de moments de joie, entouré·e de tes proches, tes ami·e·s, ta famille, il faut que tu sois entouré·e de ton clan de cœur. Ce qui est important ici, c'est de se sentir membre d'un groupe et de s'amuser. Alors ferme ton agenda pro et va trinquer avec tes ami·e·s !

À l'envers : tu peux te sentir isolé·e en ce moment. Ta tête est ailleurs, concentrée sur ton travail, tes responsabilités ; ça manque un peu de loisirs et de rires ! Essaye d'accorder plus de temps à tes ami·e·s ou ta famille. Rien ne t'oblige à rester seul·e.

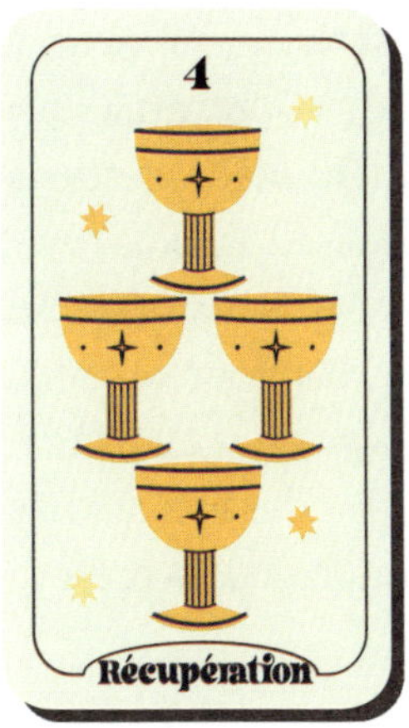

Quatre de Coupes

Les derniers temps ont été une prise de tête pour toi ; tu es fatigué·e, cette carte t'invite à te reposer. Tu n'as sûrement qu'une seule envie : t'isoler un peu du reste du monde. Le conseil est de surtout t'écouter : fais des activités calmes, tu as besoin d'apaiser ton mental. L'action sera pour plus tard.

À l'envers : si tu pouvais rester sous la couette, tu le ferais, non ? Cette carte à l'envers montre que tu as une baisse de motivation, que tu baisses les bras. Bien sûr, si tu as besoin de prendre du repos, écoute ton corps, mais rappelle-toi bien que cet état est temporaire. Il va falloir te reconnecter avec le monde extérieur à un moment donné !

Cinq de Coupes

Cette carte indique que tu es bloqué dans le passé. Tu ne pardonnes pas une personne ou un événement passé. Pourtant, rien n'est perdu, il y a encore tant de choses qui t'attendent ! Il faut changer d'état d'esprit et se concentrer sur le présent. Tu peux le faire.

À l'envers : malgré l'épreuve passée, tu es prêt·e à cicatriser et tourner la page. Cet épisode ne te définit pas. C'était une leçon de vie. Le futur t'attend, tu l'envisages à présent avec plus de calme.

Six de Coupes

Tu es dans une période nostalgique, il peut y avoir une sorte de fantasme : « Tout était tellement plus simple avant ! » (Ou, dans certains cas, un souvenir que l'on diabolise.) Tu dois revisiter ton passé avec un regard plus honnête. Tu veux revenir à l'essentiel, te reconnecter à tes racines. Donc ne sois pas surpris·e si tu as une soudaine envie de regarder des dessins animés de ton enfance et de manger ton goûter préféré de l'époque !

À l'envers : tu ne regardes pas ton passé avec honnêteté. Tu refuses de prendre tes responsabilités ; la « vie d'adulte », ça n'est pas ta tasse de thé. Tu peux aussi avoir envie de couper les ponts avec ta famille. Pour pouvoir avancer au mieux, il va te falloir vivre en paix avec ce passé et prendre ta place dans le présent.

Sept de Coupes

La situation est trouble. Comme si un épais brouillard t'empêchait de la voir clairement. Tu as besoin de ralentir le rythme, tu ne peux pas prendre de décisions sur du long terme pour l'instant car tu n'as pas toutes les informations en main.

À l'envers : tu as pu avoir une révélation fracassante, le voile se lève et c'est le choc... Tu fais face à une grande prise de conscience. Tu reviens peu à peu à la réalité. Prends les choses avec douceur. Ne culpabilise pas.

Huit de Coupes

Tu n'as pas envie de prendre le premier avion pour fuir à l'autre bout de la planète ?
Ce qu'il te faut, c'est un voyage initiatique. Si l'option tour du monde est compliquée, tu peux te nourrir l'esprit avec des lectures spirituelles, des films inspirants, de nouvelles rencontres. Tu as besoin d'une pause, une pause juste pour toi, pour réfléchir et faire une introspection.

À l'envers : si tu as cette carte à l'envers, c'est que tu as peut-être tendance à prendre la fuite quand les choses se compliquent... Comme dans les films, sauter dans le premier avion, peu importe la destination, tant que c'est à l'autre bout du globe. Tu peux aussi souffrir d'une peur de l'abandon. Qu'est-ce qui te fait si peur ? Ici, il faut réfléchir à ce qu'évoquent pour toi l'engagement ou l'abandon.

Neuf de Coupes

Cette carte représente la prospérité. Elle est le signe que tu as l'aisance matérielle, financière ; tu es à l'aise. Tu peux être fier·ère de ton parcours. Mais pour certain·e·s, elle peut être une invitation à réfléchir sur la notion de succès. « Quel est l'objectif que je souhaite atteindre pour pouvoir me sentir dans cet état de réussite ? » « Pourquoi je ne me considère pas comme une personne *successful* ? »

À l'envers : tu sembles être très exigeant·e avec toi-même. Es-tu réellement heureux·se dans la vie que tu mènes ? Souvent, on peut chercher à donner une belle image de réussite, pour impressionner les autres, alors qu'au fond on souhaiterait une vie plus épurée, plus spirituelle.

Dix de Coupes

Toi, tu es un·e romantique, ça se voit ! Alors ici, nous avons deux options d'interprétation :

1. Tu as une famille soudée, c'est une véritable force pour toi, un ancrage solide.
2. Tu désires ce bonheur, tu le fantasmes presque, tu veux la famille parfaite que l'on voit dans les films. Attention de garder une vision réaliste !

À l'envers : la famille est un sujet délicat, peut-être même problématique. Tu essayes de faire bonne figure, pourtant ça ne fonctionne pas. Il y a un schéma familial dont tu dois te libérer. Tu dois agir selon tes valeurs personnelles.

Valet de Coupes

Ton cœur est plus léger ces derniers temps, il s'ouvre grâce à une nouvelle relation. Ça peut être le début d'une belle histoire sentimentale. Tu laisses tomber l'armure. Tu as envie de sortir de ta zone de confort, de laisser ton romantisme s'exprimer. La vie est belle, tu vois tout en rose, non ?

À l'envers : tu étouffes tes émotions, il y a un blocage au niveau du cœur. Tu peux même te sentir froid·e, vidé·e. Ici, rien ne sert de fuir, il va te falloir affronter cette situation, car non, cette place ne te convient pas. Tu as besoin de te reconnecter à ton corps, tes envies.

Cavalier de Coupes

Tu vois les princes charmants dans les films, prêts à se battre avec un dragon pour une princesse qu'ils n'ont jamais vue ? Voilà, le Cavalier de Coupes représente ce sentiment ! Tu veux être amoureux·se. Tu es prêt·e à faire LA rencontre et tu te lances à la recherche de ton·ta futur·e partenaire. Au niveau professionnel, tu souhaites sans doute travailler pour une cause qui te tient à cœur, en lien avec l'écologie, l'humanitaire... Tu veux changer les choses à ton niveau. Cette carte est un oui, mais attention à ton côté trop idéaliste.

À l'envers : tu te sens perdu·e ces derniers temps, ta situation ne correspond pas exactement à ce que tu avais imaginé. Tu as de l'ambition et de la sincérité. Par exemple, au niveau pro, tu peux vouloir changer les choses pour rendre le monde meilleur et pourtant travailler dans une entreprise qui ne correspond pas du tout à tes valeurs.

Reine de Coupes

Tu es une personne généreuse, avec le cœur sur la main. Tu conseilles facilement tes proches, tu as ça dans le sang! Par contre, il peut être dur pour toi de dire non, de faire respecter tes limites. Ton bien-être en dépend, il est essentiel que tu t'écoutes. Si tu ne le sens pas, ne le fais pas.

À l'envers: tu as sans doute du mal à gérer tes émotions. Il y a trop d'intensité, tu n'es plus aligné·e. Le conseil de cette carte est de prendre conscience de tes limites et de les respecter. Tu dois t'écouter et apporter plus de sérénité dans tes émotions.

Roi de Coupes

Répète après moi: « Peu importent les obstacles sur ma route, je vais y arriver. »
Malgré la tempête, le Roi de Coupes reste sur son trône de pierre, il sait ce qu'il veut. Il a connu pire, ce n'est pas ça qui va le perturber. Tu dois donc rester concentré·e sur ton but (tu peux te noter une liste d'objectifs simples à atteindre facilement) et garder ton sang-froid.

À l'envers: attention, tu te laisses engloutir par une tempête d'émotions, tu perds le contrôle de la situation. Pas de panique, essaye de prendre du recul et d'apaiser ton esprit en remettant de la logique dans ta situation.

Les Bâtons

Élément : le feu

Signes astro : Bélier, Lion, Sagittaire

La passion, la créativité, l'action, l'ambition, entreprendre, l'inspiration.

L'astuce mémo : le bâton brûle, comme le feu du désir !

As de Bâtons

Comme tous les as, ici, on t'annonce un nouveau chapitre de vie. Tu retrouves le feu en toi, est-ce une pulsion créative, un désir sexuel ? Une chose est sûre, tu te sens stimulé·e et débordant·e d'énergie. Alors, qu'est-ce que tu attends pour foncer ?

À l'envers : le désir n'est plus présent. L'enthousiasme, la libido, l'envie manquent, tu n'as envie de rien. Ce n'est pas le bon moment. Tu ne le sens pas.

Deux de Bâtons

Tu es peut-être dans une période plus calme au niveau professionnel, au chômage, ou lassé·e de ta routine ; tu rêves d'ailleurs. Tu as un projet en tête depuis quelque temps. C'est le moment parfait pour faire ton business plan, prendre les informations, évaluer les risques, avant de te lancer.

À l'envers : il est difficile pour toi d'envisager le futur ; c'est bien flou tout ça ! Tu ne te projettes pas même à court terme. Tu peux manquer d'organisation également. C'est le moment de se remonter les manches !

Trois de Bâtons

Tu es prêt·e à monter sur le ring ! Tu es déterminé·e et la bonne nouvelle c'est que tu as ce qu'il faut pour atteindre tes objectifs. Tu as en tête un projet, ambitieux, mais réalisable. Cette carte te dit de foncer, continue de faire les bons choix et n'aie pas peur de voir grand. Ici, rien n'est impossible.

À l'envers : cette carte à l'envers, c'est un peu avoir les yeux plus gros que le ventre. Tu as eu une ambition trop grande sur ce projet, donc tu te démotives car tu n'arrives pas à atteindre tes objectifs. Il faut reprendre les choses dans l'ordre, retravailler ta stratégie.

Quatre de Bâtons

Cette carte symbolise le moment où enfin, on trouve sa place. D'un point de vue professionnel, l'entente avec tes collaborateur·rice·s se passe bien, vous grandissez ensemble.
En ce qui concerne l'amour, tu es dans une relation équilibrée, ancrée ; on parle avec cet arcane de fiançailles et de mariage !

À l'envers : tu as du mal à trouver ta place, tu ne te sens pas prêt·e à t'engager dans une situation professionnelle ou relationnelle. Peut-être aimerais-tu tout quitter pour recommencer à zéro ?

Cinq de Bâtons

Si tu as cet arcane dans ton jeu, c'est que tu es dans une relation conflictuelle avec une ou plusieurs personnes. Il y a des rivalités, vous n'êtes pas sur la même longueur d'onde. Dans certains cas, c'est un conflit interne. La communication est difficile, personne ne s'écoute vraiment. Il va falloir apaiser les tensions afin de trouver un compromis.

À l'envers : il y a pu y avoir un moment de tension au niveau relationnel. Est-ce avec un·e ami·e, un·e collègue ou ton·ta partenaire ? Une chose est sûre, cette mésentente est à présent terminée. Comme toujours, la communication est la clé !

Six de Bâtons

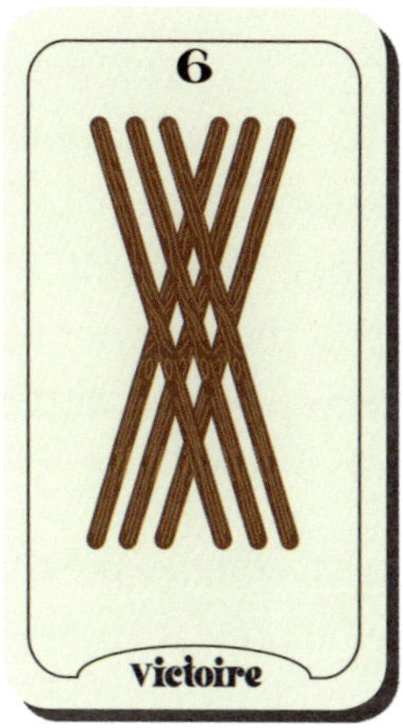

Bravo, car si cette carte est dans ta main, c'est que tu vas y arriver ! La victoire est proche. Et ce que j'aime le plus, c'est que non seulement tu réussis, mais tu vas pouvoir avancer la tête haute vers tou·te·s ceux·elles qui ont douté de toi et dire : « Vous voyez, je vous l'avais dit ! »
Bon, on essaie de ne pas prendre la grosse tête, d'accord ?

À l'envers : tu as sans doute l'impression de ne pas avoir réussi à concrétiser un projet ou bien que tu n'as pas la reconnaissance que tu penses mériter. Quelle est pour toi la définition du succès ? Est-ce que ton ambition est réaliste ?

Sept de Bâtons

Il va falloir que tu ralentisses, tu te mets beaucoup trop de pression sur les épaules. Est-elle vraiment nécessaire ? Tu t'épuises et t'angoisses plus qu'autre chose. Attention aussi à ne pas t'enfermer dans un combat solitaire. Non, tu n'es pas seul·e face au monde. Trouve une organisation qui te correspond mieux au quotidien.

À l'envers : tu es dans une période de grande nervosité. Il y a beaucoup de stress dans ton environnement et trop de responsabilités sur tes épaules. Tu vois ta vie comme un combat à mener. Il va falloir que tu ralentisses le rythme et que tu acceptes que l'on t'aide.

Huit de Bâtons

Les planètes s'alignent pour toi, tout va devenir plus fluide. Tu peux même te sentir un peu dépassé·e par les événements, tellement le rythme va s'accélérer. Les opportunités vont se présenter à toi, les blocages vont disparaître ; c'est une belle progression qui t'attend.

À l'envers : rien ne semble aller comme prévu. Des obstacles, des retards, des imprévus et cette sensation que tu es dans un projet trop ambitieux, il n'y a pas eu assez de préparation. Cette situation te frustre, tu dois revenir à l'essentiel.

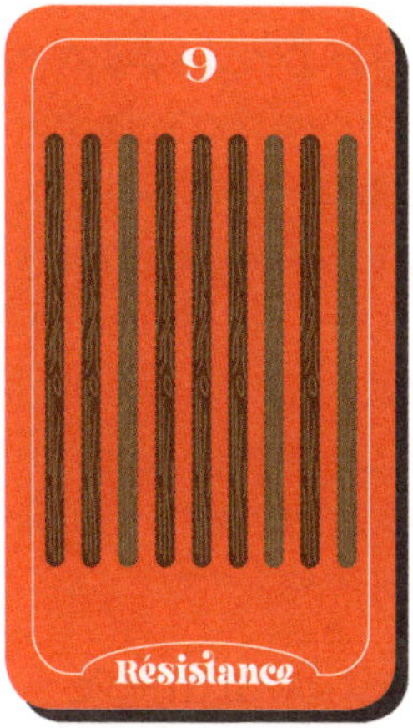

Neuf de Bâtons

Tu te trouves sûrement dans une période de méfiance, avec une tendance à t'isoler du monde. Cette carte a un goût d'amertume. Tu ne peux pas te plaindre, tu as investi beaucoup de temps et d'efforts dans ce projet, mais quand même... Il manque quelque chose. Le conseil, ici, est de persévérer, d'avoir du courage pour aller au-delà de tes peurs.

À l'envers : non, tu ne vas pas abandonner. Oui, tu peux y arriver. Il est temps pour toi de réaliser que tu as le potentiel pour concrétiser ton projet. Cette carte te conseille aussi de ne pas rester seul·e en cas de difficulté. N'hésite pas à demander de l'aide !

Dix de Bâtons

Tu es sous pression, rien ne va plus. Tu as tellement de charge sur les épaules que tu n'arrives plus à avancer correctement. Il faut alléger la *to-do list*, déléguer des tâches, parler de ton stress. Ne reste pas seul·e. Demande de l'aide. Procède par ordre de priorité.

À l'envers : trop c'est trop, tu lâches l'affaire ! La pression, la charge de travail, les responsabilités sont trop intenses. Une chose est sûre, il doit y avoir du changement car cette situation est épuisante pour toi.

Valet de Bâtons

Tu as un nouveau projet, une nouvelle envie, le désir revient ! C'est une stimulation telle que tu vois ta vie sous un autre angle. De nouvelles perspectives s'ouvrent à toi. Tu apprends, tu expérimentes encore. Dans un tirage qui concerne l'amour, cette carte te montre qu'il y a là une réelle attraction physique, sexuelle. Cela peut se transformer en relation suivie par la suite.

À l'envers : tu n'as pas encore trouvé ta voie, ta passion, pourtant tu sens que ta route te mène vers un autre chapitre. Un nouvel acte qui est encore flou. Ou bien peut-être as-tu déjà une idée en tête, mais le passage à l'acte t'effraye ? Dans tous les cas, il n'y a qu'une seule chose à faire : t'écouter.

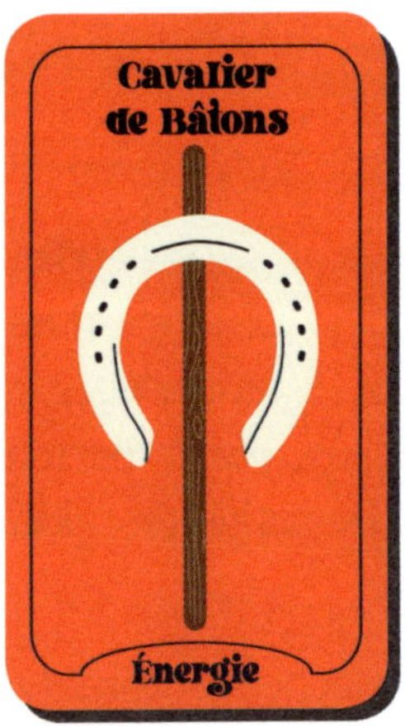

Cavalier de Bâtons

Dans le cadre d'un tirage pro, tu es passionné·e, il y a une très belle énergie autour de ce projet ; attention cependant à entretenir cette motivation sur le long terme. Attention à ne pas céder à la première difficulté. Pour l'amour, méfiance, il n'y a peut-être pas d'intention d'engagement. Cette carte peut représenter une histoire légère, sans projection sur du long terme. Il faut communiquer pour voir si vous voulez tou·te·s les deux la même chose.

À l'envers : tu as besoin d'apporter plus d'organisation, d'établir une routine. Une chose à la fois, pas à pas. Peut-être que ta vision n'est pas bien définie ? Concernant un tirage amoureux, cette carte indique que les aspirations ne sont pas les mêmes dans le couple.

Reine de Bâtons

Si tu as cette carte dans la main, c'est que tu es une personne forte, indépendante, solaire et tu ne t'excuses pas de prendre ta place. Tu as des choses à transmettre, il est temps pour toi de t'affirmer. Il y a aussi l'envie de séduire, de plaire. Le monde est comme ton terrain de jeu et tu es déterminé·e à gagner la partie !

À l'envers : tu n'oses pas t'affirmer, ni te mettre en avant. Et quel dommage, car tu as tant de capacités et de qualités. N'aie pas peur du regard des autres, affirme-toi pour ce que tu es réellement, ne te laisse pas influencer.

Roi de Bâtons

Tu es sans doute indépendant·e, ou tu as l'intention de l'être. Cette carte représente les entrepreneur·se·s qui ont une idée de business visionnaire, dans un domaine original (comme l'écologie, la technologie, le bien-être). Ici, l'idée n'est pas de devenir riche grâce aux affaires, mais d'avoir un impact concret sur le monde. Tu as une véritable passion et une réelle bienveillance, c'est le moment de se lancer !

À l'envers : cet arcane à l'envers montre que tu as un projet professionnel, mais que tu ne te lances pas à 100 %. As-tu peur de l'échec ou bien de ne pas arriver à assumer le rôle de leader ?

Les Pentacles/les Deniers

Élément : la terre
Signes astro : Taureau, Vierge, Capricorne

Le matériel, le travail, les finances, la santé, les études, la construction.

L'astuce mémo : les deniers/pentacles représentent des pièces, de l'argent, du matériel.

As de Pentacles

Cette carte peut t'annoncer une signature de contrat, une promotion, une rentrée d'argent, un déménagement... Tu t'avances vers une vie matérielle plus confortable.
Tu es ancré·e, plein·e de vitalité. Ce nouveau chapitre s'annonce bien !

À l'envers : une opportunité de travail est sur ta route, mais tu tardes à accepter cette proposition. Quelque chose te semble louche, tu ne sembles pas sûr·e d'arriver à mener ce travail à bien. D'un côté, tu aimerais avoir plus de temps de réflexion, et de l'autre, tu sais que ce nouveau départ serait salutaire ! Il te faut un nouvel élan dans ce domaine !

Deux de Pentacles

Tu as un équilibre à trouver dans ce nouveau chapitre. Peut-être jongles-tu entre plusieurs jobs ? Ou bien la stabilité que tu dois trouver se situe entre ta vie pro et ta vie perso ? Ce n'est pas forcément désagréable, c'est simplement un ajustement à faire.

À l'envers : disons-le clairement, tu ne t'en sors pas. Le planning est trop chargé, il y a trop de dossiers en même temps, tu as du mal à gérer ton temps. Il faut que tu retrouves une certaine stabilité car tu ne tiendras pas longtemps dans ce déséquilibre.

Trois de Pentacles

C'est l'arcane des collaborations. Tu t'associes avec des personnes qui ne sont pas forcément dans le même domaine que toi, mais ensemble, vous êtes sur un projet qui s'inscrit sur du long terme. L'union fait la force !

À l'envers : les collaborations professionnelles ou amicales ne se passent pas très bien ! Des désaccords, des conflits ; il est difficile de construire. Ou peut-être est-ce tout simplement le travail en équipe qui est compliqué pour toi ?

Quatre de Pentacles

Tu as besoin de te recharger, de retrouver ta force intérieure. Cette carte t'invite aussi à faire des économies car un grand projet arrive sur ta route et tu devras être prêt·e le moment venu. Dans le cadre d'un tirage d'amour, c'est l'indication que tu n'es pas émotionnellement prêt·e à te lancer dans une nouvelle aventure.

À l'envers : tu as du mal à faire des économies, l'argent te file entre les doigts. Il faut structurer tes dépenses et te limiter dans les achats plaisir ! Dans certains cas, cette carte évoque le manque de générosité, envers les autres ou toi-même.

Cinq de Pentacles

C'est la carte du manque, de la perte. Mais j'ai souvent remarqué en tirage que c'est plus la peur de manquer. Manquer d'amour, d'argent, la peur d'échouer. Une angoisse qui te paralyse et qui t'amène à cet état de perte si tu n'agis pas. Alors il faut ici se poser la question : de quoi as-tu peur ? Qu'est-ce qui te retient d'agir ?

À l'envers : c'est la fin (ou bientôt) d'un cycle de limitations ! Les finances vont revenir au beau fixe, tu vas pouvoir te sentir en sécurité à nouveau. Pourtant, tu restes sur le qui-vive, tu as peur, tu n'oses pas profiter, te faire plaisir.

Six de Pentacles

L'arcane de la générosité, de l'ouverture aux autres.
Ici, nous avons deux interprétations : 1. Tu vas aider quelqu'un, financièrement, en partageant ton expérience, en étant un soutien... 2. Ou bien c'est toi qui reçois de l'aide, d'une personne, d'un groupe ou de l'État, comme des aides financières.

À l'envers : tu donnes beaucoup et aujourd'hui, tu as la sensation de te faire avoir. Comme si une ou plusieurs personnes prenaient ta générosité pour acquise. Les relations doivent retrouver un peu de bon sens, tu dois te faire respecter.

Sept de Pentacles

La carte de la patience ! Ici, rien ne sert de presser les choses car on te demande d'attendre. Tu as planté les graines, tu as investi ; maintenant, il faut patienter et garder une vision sur le long terme.

À l'envers : tu as pu faire un mauvais investissement. Tu as investi beaucoup de temps, d'énergie, ou bien d'argent, dans une situation qui ne porte pas ses fruits. Tu dois prendre le temps d'évaluer les pertes et de faire le point. Est-ce le moment d'arrêter ou bien de faire preuve de plus de patience et de stratégie ?

Huit de Pentacles

Tu es exigeant·e, perfectionniste, tu aimes que le travail soit bien fait. Peut-être es-tu en train d'apprendre un métier ? La passion est bien là, cependant, n'oublie pas de prendre du temps pour te détendre.

À l'envers : la bonne nouvelle, c'est que tu aimes le travail bien fait. La mauvaise nouvelle, c'est que tu aimes TROP le travail bien fait. Tu te mets beaucoup de pression, tu es tellement sur les détails que tu perds du temps. Il faudrait faire preuve de plus d'efficacité et de souplesse.

Neuf de Pentacles

Cette carte dans ta main, c'est l'univers qui te dit que tout ira bien… La prospérité est là, tu peux prendre du temps pour toi, tu mérites de te récompenser. *Treat yourself !*

À l'envers : cet arcane t'invite à te poser la question du succès. Es-tu fier·ère de toi ? Es-tu sûr·e que tu peux mesurer ta valeur via tes possessions, ton salaire ? Peut-être as-tu besoin d'une vie plus spirituelle.

Dix de Pentacles

Ici, on te parle de transmission, d'héritage. Cette carte peut bien sûr parler de finance ou de patrimoine. Mais tu peux aussi être amené·e à te demander : « Qu'est-ce que je transmets au monde ? » Est-ce que ton métier t'apporte une satisfaction ?

À l'envers : qu'est-ce que tu transmets au monde ? Est-ce que ton métier te permet de te sentir utile ? Dans d'autres cas, cette carte parle d'héritage (pécuniaire ou bien spirituel) compromis. Quelque chose coince.

Valet de Pentacles

C'est la carte de la reconversion ! Tu as très certainement une idée de projet professionnel en tête ? Tu peux à présent envisager une nouvelle carrière (ou, dans certains cas, une promotion). Mais il va falloir étudier, se former, apprendre ce nouveau métier.

À l'envers : tu as une idée de reconversion en tête, pourtant tu es frileux·se. Tu as peur d'entamer cette reconversion maintenant, à cause de ton âge, de l'aspect financier... une de ces excuses ! Cette carte indique quand même que ce projet te motive. Alors qu'attends-tu ?

Cavalier de Pentacles

Tu fais face à une période difficile au travail, tu ressens de la frustration car tu ne peux pas travailler comme tu le souhaites. Peut-être aussi que ce poste ne t'intéresse plus, tout simplement. Pourtant, tu aimes travailler et être créatif·ve. Est-ce le signe que tu dois changer de situation ?

À l'envers : tu as besoin de retrouver une discipline, d'être plus attentif·ve aux détails, plus investi·e dans tes tâches. Mais es-tu toujours heureux·se dans ta situation actuelle ? Tu as sans doute envie d'être challengé·e par un nouveau défi.

Reine de Pentacles

Il te faut du temps pour toi, pour t'ancrer, être dans le moment présent. Tu as clairement besoin de te retrouver, en sécurité, dans ton cocon avec beaucoup de douceur. L'envie de changement peut être présente. La décoration de ton intérieur, reprendre le sport, changer de style vestimentaire... Accorde-toi ce temps.

À l'envers : il est difficile pour toi de te sentir bien chez toi. À l'envers, cette carte t'invite à faire du ménage, organiser, réaménager ton intérieur que tu as trop longtemps négligé. Si tu as une famille, c'est peut-être toi qui supportes la majorité de la charge mentale. Il faut rééquilibrer les tâches.

Roi de Pentacles

Tu as les capacités et la mentalité pour réussir professionnellement. C'est le moment parfait pour investir financièrement. Fais confiance à ton expérience, à tes qualités. Tu peux prendre ce rôle et ses responsabilités.

À l'envers : tu as du mal à gérer tes affaires professionnelles. Pour les entrepreneur·se·s : il est conseillé de te faire conseiller, coacher dans la gestion de ton entreprise. Il faut réajuster et soigner avant de commencer un nouveau projet.

Les Épées

Élément : l'air
Signes astro : Gémeaux, Balance, Verseau

Le mental, la communication, le mouvement, le conflit, les idées, la décision.

L'astuce mémo : les épées donnent des coups invisibles, comme nos pensées.
Un esprit aiguisé comme une lame : vif, intelligent.

As d'Épées

Ta vision est claire, ton esprit est logique. Tu es stimulé·e en ce moment, la communication est fluide, tu débordes d'idées et tu sais comment les concrétiser. C'est un moment d'action.

À l'envers : tu manques de clarté, la confusion règne dans ton esprit. Il est difficile pour toi de trouver les mots justes pour exprimer ce que tu ressens. Et peut-être même que tu manques de stimulation, l'ennui est là, tu as fait le tour d'une situation. Il faut faire une pause et prendre le temps de réfléchir.

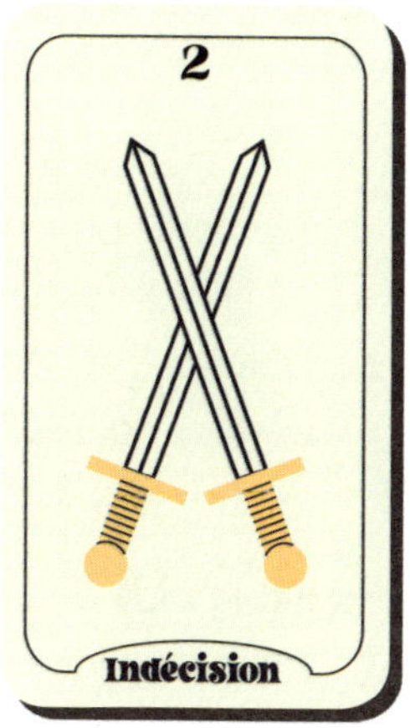

Deux d'Épées

Tu es face à un dilemme et impossible de trancher : la décision est trop difficile à prendre ! On peut le dire, tu es un peu dans le déni, tu mets le problème sous le tapis ! C'est l'heure de faire la liste des pour et des contre ou de demander des conseils !

À l'envers : tu dois prendre une décision, on te demande de choisir entre deux options, mais impossible. Tu as l'impression de ne pas avoir toutes les informations en ta possession.
Pour trancher, tu dois faire confiance à ton jugement et à ton intuition.

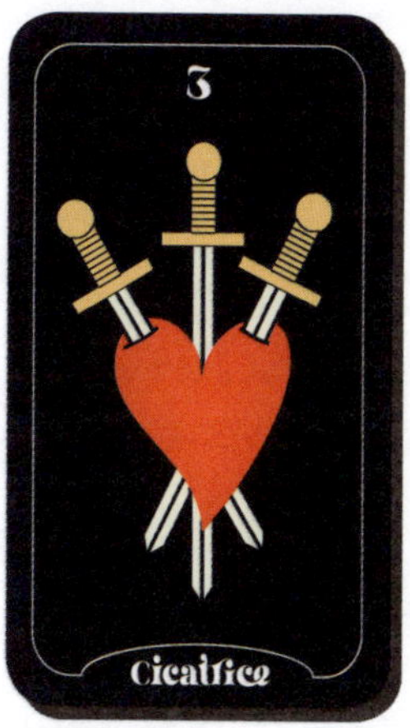

Trois d'Épées

Il y a une blessure émotionnelle qui est difficile à digérer. Ton cœur a du mal à cicatriser d'une trahison. Une personne proche n'a pas tenu sa promesse. Il est temps, à présent, de faire le deuil, de tourner cette page difficile pour ne plus souffrir de cette situation.

À l'envers : les épées sont en train de sortir de ton cœur. Tu ne fuis plus le problème. La guérison approche et bientôt tu pourras cicatriser de cette épreuve. Tu peux enfin affirmer que c'était une leçon et qu'à présent, tu es prêt·e à aller de l'avant.

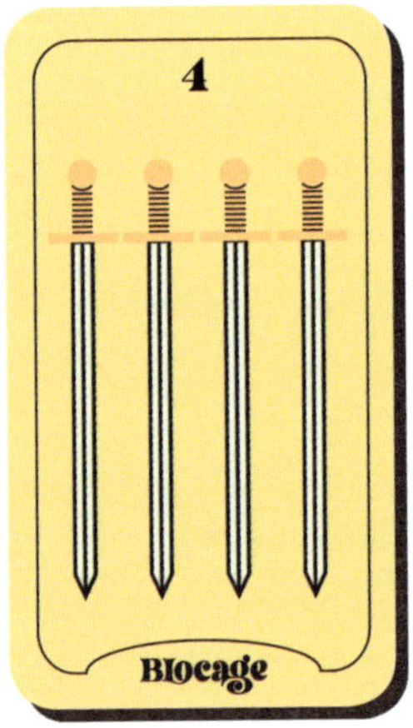

Quatre d'Épées

Tu es dans une situation d'isolement où tu n'oses pas bouger. Des croyances limitantes te bloquent. Tu ne te sens pas capable, pas assez fort·e. Il te faut sortir de cette attente et passer à l'action !

À l'envers : tu prends conscience du poids de la société et du regard des autres sur toi. Tu es prêt·e à te remonter les manches et à passer à l'action ! Dans d'autres cas, c'est un avertissement, tu as besoin de ralentir ton rythme car tu t'épuises trop !

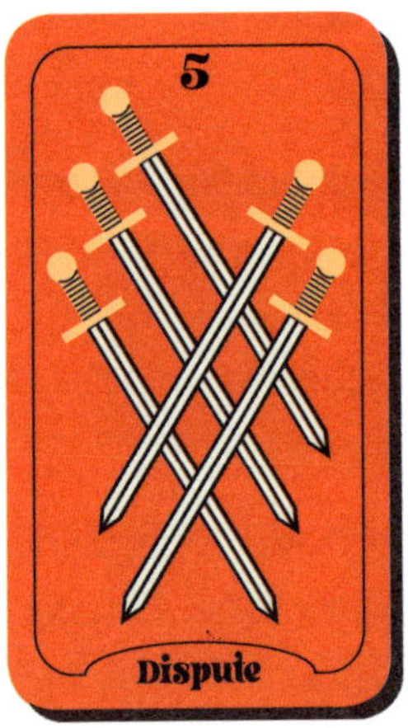

Cinq d'Épées

Cette carte symbolise un conflit que tu as, avec une ou plusieurs personnes. L'arcane t'invite à te questionner sur les raisons de ce conflit. Est-ce que ça en vaut la peine ? Le conseil ici est de faire preuve de diplomatie, d'essayer de comprendre le point de vue adverse.

À l'envers : fut un temps, il y avait un conflit. Certes, mais maintenant, on t'invite à aller de l'avant. Tu ne peux plus rester dans cette aigreur. On t'invite à enterrer la hache de guerre.

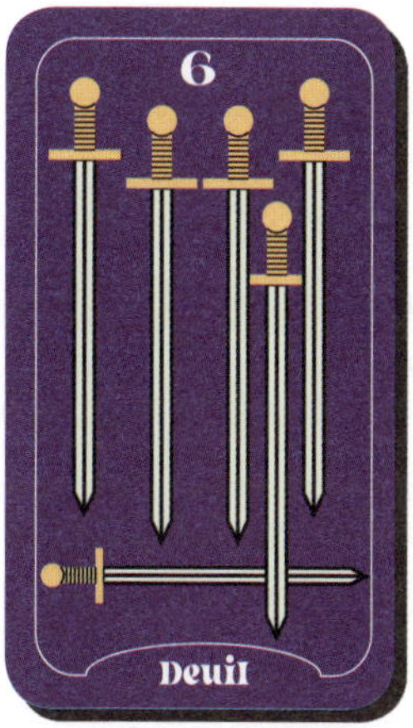

Six d'Épées

Tu dois prendre le temps de faire le deuil de quelqu'un ou d'une situation. La meilleure chose à faire est de partir en voyage ou de se prendre un week-end juste pour soi, afin de couper avec le rythme trop bien tracé du quotidien.

À l'envers : tu as besoin de faire le deuil, tu le sais bien et pourtant, tu restes dans cette situation qui ne te convient plus. Est-ce le changement qui te fait si peur ? Il va falloir faire face au problème. Tu peux le faire !

Sept d'Épées

C'est l'arcane de la trahison, du mensonge, de la tromperie. Soit une personne te ment, soit c'est toi-même qui refuses de regarder la vérité en face. Ici, il faut se questionner sur les intentions derrière la personne ou l'acte.

À l'envers : tu as sans doute la sensation d'avoir fait quelque chose de mal, d'injuste. Cette carte montre que ta conscience n'est pas en accord avec tes actes. Tu peux inverser ce sentiment, en te pardonnant et en corrigeant la situation.

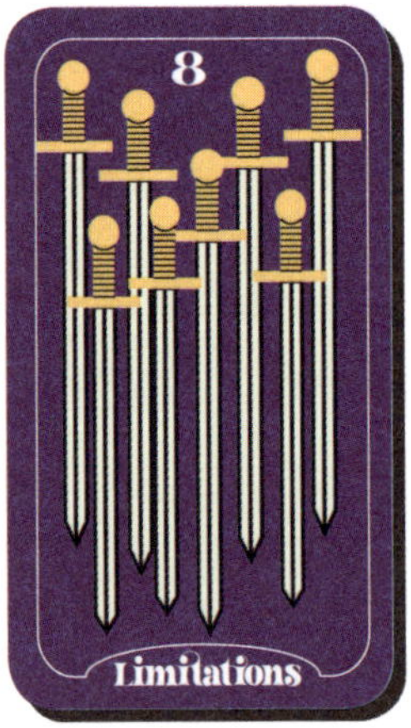

Huit d'Épées

Si tu as cette carte dans ton jeu, c'est que tu manques de confiance en toi ou que tu ne vois pas toutes tes capacités dans un domaine. Il te faut enlever le bandeau que tu as sur les yeux pour voir la personne merveilleuse que tu es réellement !

À l'envers : cette carte montre que tu réalises enfin la force que tu as en toi ! Tu te libères de tes chaînes et tu oses enfin affronter la situation ou la personne qui t'a emprisonné·e dans des croyances limitantes.

Neuf d'Épées

On dirait que quelque chose t'angoisse, jusqu'à te créer des insomnies. Le conseil de l'arcane est de ne pas rester seul·e avec ce stress. Tu dois communiquer, demander conseil à des ami·e·s ou des gens de confiance.

À l'envers : tu prends conscience que tu angoisses trop. Ton mental te joue des tours. Tu retrouves plus de logique, une plus grande reconnexion avec ton corps. Bref, tu reviens dans l'instant présent.

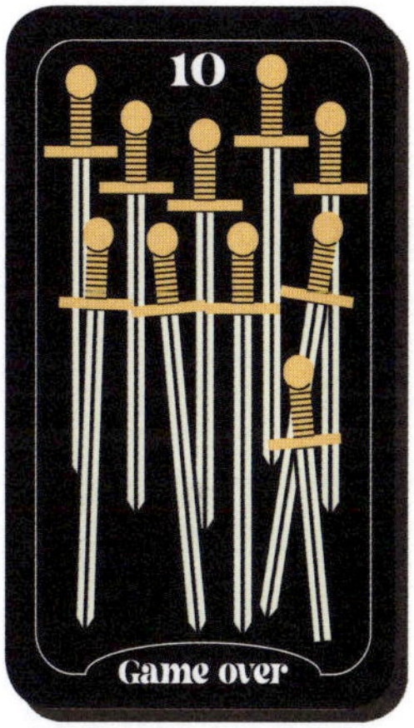

Dix d'Épées

Tu es fatigué·e par une situation ou une personne. Cette carte est là pour te dire que tu dois changer de cycle, cette place n'est plus la tienne. Ta route est ailleurs et tu t'en rends compte à présent.

À l'envers : c'est bon, ce cycle interminable et épuisant s'achève enfin ! Tu retrouves une vision plus réaliste de ta situation et tu oses changer ce qui doit l'être.

Valet d'Épées

Une idée vient de te tomber dessus, tu as envie de te lancer dans ce nouveau projet qui te stimule énormément. Pourtant, cette carte t'invite d'abord à faire des recherches, prendre le plus d'informations possible.

À l'envers : cette carte t'indique que tu n'as pas encore trouvé ta voie. Ton moyen à toi de communiquer. Tu peux avoir du mal à exprimer ce que tu ressens. On t'invite à poser les choses et ralentir ton rythme.

Cavalier d'Épées

Surtout pas d'imprudence ! Ce cavalier est le personnage le plus impulsif du tarot. Il faut que tu prennes un temps de réflexion avant de te lancer ou de communiquer. Alors, ne soit pas trop borné·e et écoute les conseils des autres, car tu as du potentiel !

À l'envers : tu dois absolument parvenir à te canaliser. Ton rythme est trop rapide, tu ne prends pas le temps de réfléchir ou de formuler correctement tes idées.

Reine d'Épées

Il y a une chose à laquelle tu peux te fier, c'est ton jugement. Tu es dans une phase très logique, très analytique. Tu vas droit à l'essentiel, tu n'as pas de temps à perdre et tu sais prendre les meilleures décisions pour toi. Tu sais ce que tu veux.

À l'envers : tu peux te sentir déboussolé·e en ce moment. Tu as du mal à te fier à ton jugement pourtant d'habitude si juste. Ta vision manque de clarté et tu doutes de tes actions. Il faut que tu regardes ta problématique avec logique et que tu respectes tes valeurs.

Roi d'Épées

Si tu as cette carte dans ton jeu, c'est que tu as le mental nécessaire pour concrétiser tes objectifs. Tu sais où tu veux aller et peut-être même que tu es amené·e à *leader*, diriger une équipe. Tu es légitime à cette position.

À l'envers : tu occupes sans doute une position de responsabilités que tu as du mal à accepter. Ce rôle ne te convient pas. Il y a un problème d'autorité.

Quizz

Il est temps de vérifier tes acquis.
Voici quelques questions, à toi de jouer !

Le tarot

Durant quel siècle a été créé le tarot ?

- ☐ XIVe
- ☐ XVe
- ☐ XVIe
- ☐ XVIIe

Réponse : XVe.

Le jeu est composé de… cartes, dont… arcanes majeurs.

Réponse : 78/22.

Arcanes majeurs

Quelle carte symbolise la structure ?

- ☐ L'Impératrice
- ☐ L'Empereur
- ☐ La Lune
- ☐ Le Soleil

Réponse : L'Empereur.

Si je tire le Magicien/le Bateleur pour répondre à une question sur le thème de l'amour, qu'est-ce que je peux en conclure ?

- ☐ Un·e ex va revenir et je n'ai vraiment aucune envie de remettre le couvert.
- ☐ Je suis prêt·e à me lancer, je me donne les moyens de réussir et pourquoi ne pas télécharger une application de rencontres ?
- ☐ Un·e magicien·ne me drague, je pense que c'est le·la bon·ne !

Réponse : Je suis prêt·e à me lancer, je me donne les moyens de réussir et pourquoi ne pas télécharger une application de rencontres ?

La Force représente :

- ☐ La musculation, la forme physique
- ☐ Le pouvoir de persuasion
- ☐ La fin d'un cycle
- ☐ Le self-control

Réponse : Le self-control.

Si je tire les cartes de la Mort et du Deux de Bâtons ensemble, je l'interprète comme :

- ☐ Je n'ai pas eu de chance, mon projet professionnel s'écroule.
- ☐ Je ne sais pas dans quelle direction aller. Il me faut de l'aide qualifiée, par exemple un coach.
- ☐ Je suis dans une union amoureuse qui ne fonctionne plus, je dois travailler pour arranger la situation.
- ☐ J'ai besoin de changement, je prépare mon business plan pour envisager au mieux la suite.

Réponse : J'ai besoin de changement, je prépare mon business plan pour envisager au mieux la suite.

La Tour représente :

☐ Le soulagement
☐ Un investissement à faire
☐ Un changement soudain
☐ L'espoir

Réponse : Un changement soudain.

Quelle carte représente la mise en danger, l'excès ?

☐ La Mort
☐ La Roue de Fortune
☐ Le Diable
☐ La Lune

Réponse : Le Diable.

Comment interpréter l'association des cartes des Amoureux/l'Amoureux et du Jugement :

☐ Ma situation amoureuse va se débloquer rapidement, je vais reprendre le contrôle de la situation.
☐ J'ai peur de perdre la personne que j'aime, je n'ose rien faire, je lui donne raison.
☐ Je me sens pris·e au piège. Je ne sais plus quoi faire pour améliorer ma situation.
☐ Ce n'est pas le moment de me lancer dans une nouvelle histoire, je dois me concentrer sur moi.

Réponse : Ma situation amoureuse va se débloquer rapidement, je vais reprendre le contrôle de la situation.

L'arcane numéro 9 est :

☐ Le Pape
☐ Les Amoureux/l'Amoureux
☐ L'Hermite
☐ Le Diable

Réponse : L'Hermite.

Quelle carte symbolise le blocage, le temps suspendu ?

☐ La Mort
☐ Le Pendu
☐ La Lune
☐ Le Fou

Réponse : Le Pendu.

Comment interpréter l'association des cartes de la Papesse et de l'Hermite :

☐ C'est un moment d'action, j'ai suffisamment de connaissances pour prendre une décision.
☐ Mon moral est au plus bas, je n'ai envie de rien d'autre que de rester chez moi.
☐ Je fais le bilan, c'est une période d'étude, j'apprends, je découvre mes forces.
☐ Je sors d'une période de guérison, tout devient clair pour moi.

Réponse : Je fais le bilan, c'est une période d'étude, j'apprends, je découvre mes forces.

Arcanes mineurs

Quelle famille représente le mental, la communication et la prise de décision ?

- ☐ Les Coupes
- ☐ Les Pentacles/Deniers
- ☐ Les Bâtons
- ☐ Les Épées

Réponse : Les Épées.

À quel élément sont associés les Bâtons ?

- ☐ Terre
- ☐ Eau
- ☐ Feu
- ☐ Air

Réponse : Feu.

Si je tire la carte du Quatre de Pentacles pour une question sur le thème du travail, qu'est-ce que je peux en conclure ?

- ☐ Je dois faire des économies d'argent et d'énergie pour préparer l'étape suivante.
- ☐ C'est le moment parfait pour investir dans la crypto !
- ☐ J'ai une proposition de contrat, je dois la refuser.
- ☐ J'ai de l'ambition, je sais exactement ce que je dois faire comme prochaine action pour réussir.

Réponse : Je dois faire des économies d'argent et d'énergie pour préparer l'étape suivante.

Quelle carte représente la victoire, le succès ?

- ☐ Sept de Pentacles
- ☐ Six de Bâtons
- ☐ Neuf de Bâtons
- ☐ Deux de Pentacles

Réponse : Six de Bâtons.

Comment interpréter l'association des cartes du Sept de Pentacles et de l'As de Pentacles ?

- ☐ L'opportunité d'un nouveau contrat peut arriver, mais il va falloir faire preuve de patience.
- ☐ Un nouveau contrat arrive mais je ne dois pas le signer. Ce serait une erreur.
- ☐ Mon contrat actuel va bientôt se terminer. Il me faut un break !
- ☐ Je vais faire une belle rencontre amoureuse, mais pas tout de suite !

Réponse : L'opportunité d'un nouveau contrat peut arriver, mais il va falloir faire preuve de patience.

II. Intégrer

Mon journal de bord

C'est l'un des exercices les plus simples pour se familiariser avec les cartes !
Le matin, prends une carte qui représentera ta journée. Le soir, regarde-la à nouveau et note tes réflexions. Comment as-tu expérimenté la carte ? Quel est le lien entre ta journée et l'arcane ?

La date : ....

Ma carte : ....

Ma journée : ....

La date : ....

Ma carte : ....

Ma journée : ....

....

....

....

....

....

....

....

....

....

....

....

....

....

....

....

....

....

....

....

....

La date : ....

Ma carte : ....

Ma journée : ....

....

....

....

....

....

....

....

....

....

....

....

....

....

....

....

....

....

....

....

....

La date : ....

Ma carte : ....

Ma journée : ....

Les pictos

Pour intégrer les cartes dans ton quotidien, voici une idée d'activité DIY !

Il te faut :
- une bougie blanche ;
- de la peinture à l'eau, type gouache ;
- un pinceau fin.

Sur une bougie blanche, peint le symbole de la carte que tu désires travailler en ce moment. Une fois qu'il est sec, tu peux allumer la bougie et faire une courte méditation avec la carte à la main.
Pendant cet instant, connecte-toi à l'énergie, la symbolique de la carte.

Mes notes : quelle énergie ai-je ressentie durant cette méditation ?

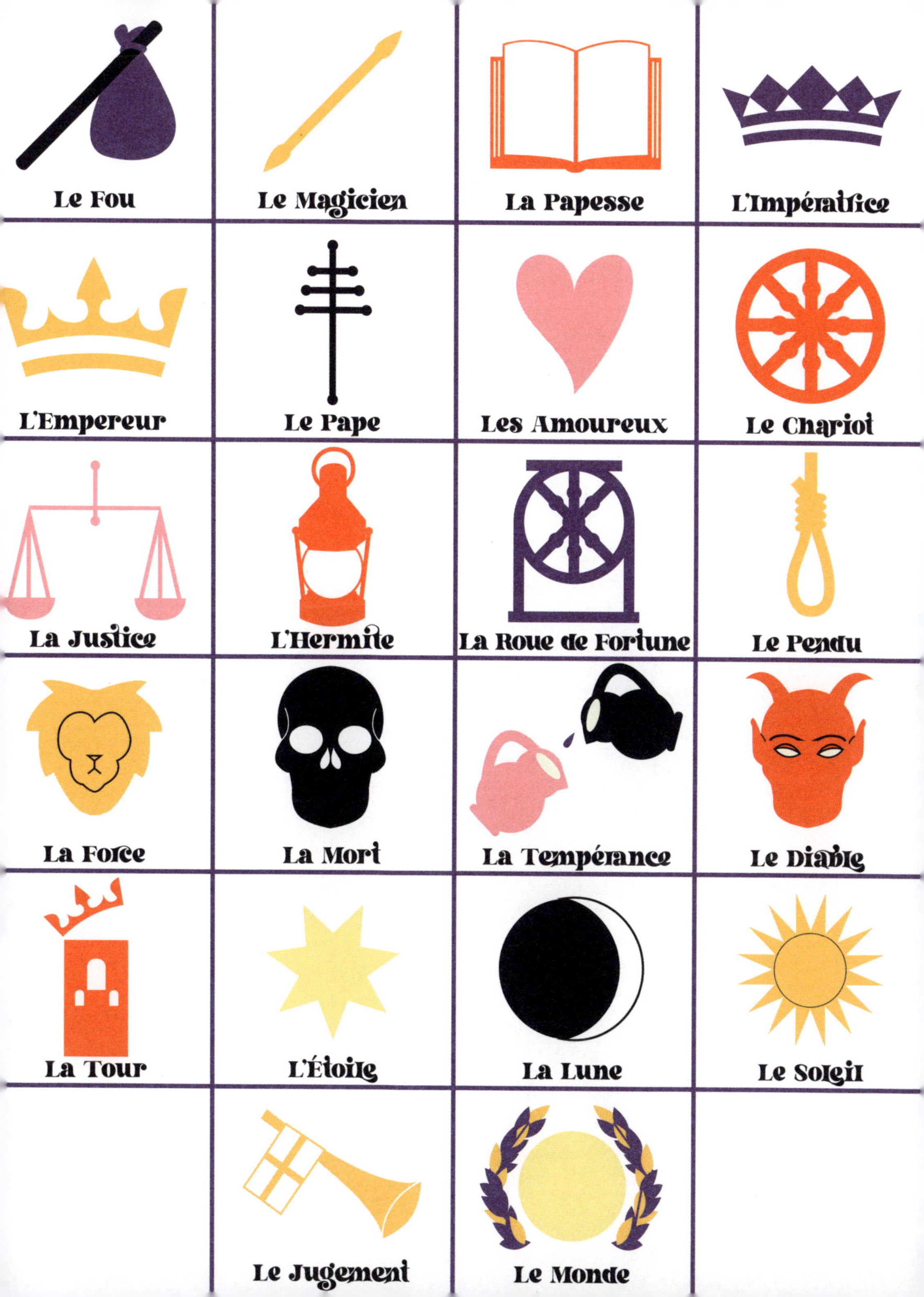
Le Fou
Le Magicien
La Papesse
L'Impératrice
L'Empereur
Le Pape
Les Amoureux
Le Chariot
La Justice
L'Hermite
La Roue de Fortune
Le Pendu
La Force
La Mort
La Tempérance
Le Diable
La Tour
L'Étoile
La Lune
Le Soleil
Le Jugement
Le Monde

Mon carnet de rêves

La nuit, notre esprit est plus ouvert, moins limité par notre raison et moins bousculé par notre quotidien. Nous réceptionnons, intégrons mieux les informations.

Choisis une carte que tu glisseras sous ton oreiller avant de te coucher et, le lendemain matin, note tes rêves et tes réflexions.

La date : ....

Hier soir, j'ai dormi avec cette carte : ....

J'ai dormi .... heures

Ma nuit était :

- ☐ agitée
- ☐ reposante
- ☐ épuisante
- ☐ sans sommeil

Voici mon rêve : ....

....

....

....

Mes notes : ....

....

....

La date : ....

Hier soir, j'ai dormi avec cette carte : ....

J'ai dormi .... heures

Ma nuit était :

- ☐ agitée
- ☐ reposante
- ☐ épuisante
- ☐ sans sommeil

Voici mon rêve : ....

....

....

....

....

....

Mes notes : ....

....

....

....

....

....

....

La date : ....

Hier soir, j'ai dormi avec cette carte : ....

J'ai dormi .... heures

Ma nuit était :

- ☐ agitée
- ☐ reposante
- ☐ épuisante
- ☐ sans sommeil

Voici mon rêve :..
....
....
....
....
....

Mes notes :..
....
....
....
....
....
....

La date : ....

Hier soir, j'ai dormi avec cette carte : ....

J'ai dormi .... heures

Ma nuit était :

- ☐ agitée
- ☐ reposante
- ☐ épuisante
- ☐ sans sommeil

Voici mon rêve :...

....

....

....

....

....

Mes notes :..

....

....

....

....

....

....

Tarot playlist

Un exercice que j'aime bien faire encore aujourd'hui : la tarot playlist. Une liste de 22 chansons pour les 22 arcanes majeurs.
Peut-être que, comme moi, tu as une mémoire plutôt auditive ; la meilleure façon d'intégrer les cartes, c'est de t'en emparer et d'utiliser ton langage pour les retranscrire.
Pour moi, ces morceaux de musique racontent une facette de l'arcane ou bien le rythme correspond à ce que je ressens de l'arcane.

Voici ma playlist :

0. Le Fou/le Mat : *Fools Rush In* – Bow Wow Wow
1. Le Magicien/le Bateleur : *A Kind of Magic* – Queen
2. La Papesse : *Run the World* – Beyoncé
3. L'Impératrice : *Femme Fatale* – The Velvet Underground, Nico
4. L'Empereur : *None of Your Business* – Salt-N-Pepa
5. Le Pape : *L'Été : Presto* – Vivaldi
6. Les Amoureux : *Can't Take My Eyes Off You* – Frankie Valli
7. Le Chariot : *Low Rider* – War
8. La Force : *Io sono docile* – Rossini
9. L'Hermite : *Falling* – Harry Styles
10. La Roue de Fortune : *Changes* – David Bowie
11. Justice : *Change* – Mapei
12. Le Pendu : *Waiting on The World to Change* – John Mayer
13. La Mort : *Trop beau* – Lomepal
14. La Tempérance : *Sea of Dreams* – Oberhofer
15. Le Diable : *Highway to Hell* – AC/DC
16. La Tour : *Dancing On My Own* – Robyn
17. L'Étoile : *Don't Stop Believin'* – Journey
18. La Lune : *You Learn* – Alanis Morissette
19. Le Soleil : *Felicità* – Al Bano & Romina Power
20. Le Jugement : *Infinity Guitars* – Sleigh Bells
21. Le Monde : *Dôme épais, le jasmin* – *Lakmé*, acte I

À toi de faire la tienne :

0. Le Fou/le Mat : ....

1. Le Magicien/le Bateleur : ....

2. La Papesse : ....

3. L'Impératrice : ....

4. L'Empereur : ....

5. Le Pape : ....

6. Les Amoureux : ....

7. Le Chariot : ....

8. La Force : ....

9. L'Hermite : ....

10. La Roue de Fortune : ....

11. La Justice : ....

12. Le Pendu : ....

13. La Mort : ....

14. La Tempérance : ....

15. Le Diable : ....

16. La Tour : ....

17. L'Étoile : ....

18. La Lune : ....

19. Le Soleil : ....

20. Le Jugement : ....

21. Le Monde : ....

Astro tarot

Chaque signe du zodiaque est associé à un arcane majeur. Avant de regarder les explications, essaye avec ton intuition de relier les paires !

Bélier •	• Les/l'Amoureux
Taureau •	• La Mort
Gémeaux •	• L'Étoile
Cancer •	• La Tempérance
Lion •	• L'Hermite
Vierge •	• Le Diable
Balance •	• Le Chariot
Scorpion •	• Le Pape
Sagittaire •	• La Lune
Capricorne •	• La Force
Verseau •	• L'Empereur
Poissons •	• La Justice

L'Empereur est associé au Bélier, premier signe du zodiaque qui symbolise la détermination, le travail et une ambition revendiquée ! Le Bélier, tout comme l'Empereur, sait qu'il peut compter sur sa force intérieure pour atteindre ses objectifs.

Pour le Taureau, c'est le Pape qui est associé à ce signe. Car tous deux sont des forces tranquilles. La sagesse, l'intérêt pour les connaissances, parfois spirituelles, et cette facilité à écouter et conseiller les autres les caractérisent bien.

Les Gémeaux sont bien sûr les Amoureux/l'Amoureux de notre tarot. Entre la thématique de prendre une décision et des relations sentimentales, il ne pouvait en être autrement !

Pour le signe du Cancer, c'est la carte du Chariot qui lui est associée. Prendre le temps d'atteindre sa ligne d'arrivée, tranquillement mais sûrement, tout en sachant s'adapter aux obstacles sur sa route.

Bien sûr, pour le Lion, c'est l'arcane de la Force. Ces deux-là partagent une détermination incroyable, la force à la fois physique et mentale pour arriver à leur but.

Qui mieux que l'Hermite pourrait représenter le signe de la Vierge ?

Un homme sage, patient, un brin mystérieux, qui prend le temps de réfléchir et d'agir selon son jugement.

Pour la Balance, évidemment, nous avons la carte de la Justice. Symbole d'équilibre, d'intégrité. Et cette nécessité de remettre en question, de réfléchir, de peser le pour et le contre dans sa balance.

Le Scorpion a comme carte la Mort car, comme cet arcane, ce signe sait se transformer avec courage et de façon profonde. Le Scorpion et la Mort ne craignent pas d'aller affronter leurs peurs pour se révéler, plus forts, plus stables.

Pour le Sagittaire, la carte associée est la Tempérance. Leur défi à tous deux est de rester stables, de ne pas partir dans des extrêmes. Il y a un équilibre à trouver, mais ils peuvent compter sur leurs ressources et leur espoir.

Pour le Capricorne, la carte est le Diable. Ces deux-là ont des ambitions bien définies, une force incroyable, mais un caractère à dominer s'ils veulent réussir.

Le signe du Verseau est réputé pour avoir la tête dans les étoiles, comme s'ils étaient/venaient d'une autre planète. Sa carte est donc l'Étoile ! Trouver sa stabilité et son ancrage grâce à l'intuition.

Et enfin, les Poissons ont pour carte la Lune. Arcane de l'imaginaire, du subconscient, des rêves, de l'intuition... tout ce que les Poissons aiment !

Mes notes :

Dans ces pages, tu peux noter tes observations, interprétations personnelles et autres notes.

....

....

....

....

....

....

....

....

....

....

III. Interpréter

Les tirages

Avant de se lancer, quelques conseils pour bien débuter :

1. Pratiquer régulièrement.
2. Poser des questions simples.
3. Faire des tirages avec peu de cartes pour commencer.
4. C'est toi qui choisis dans quel sens tu préfères tirer les cartes. Uniquement à l'endroit ou aussi à l'envers. Tu peux tester les deux et voir ce qui te parle le plus.
5. Essayer de traduire la symbolique des cartes par un message simple, en une seule phrase.

Tu peux commencer à t'entraîner avec un exercice simple.

Pour obtenir un conseil sur le thème de l'amour

Mélange ton paquet, ensuite cherche la carte des Amoureux/de l'Amoureux.
La carte qui est devant est un conseil pour toi ; la carte derrière, ce dont tu dois te rappeler.

Je viens de le faire et voici mon résultat.

La carte de devant : le Cavalier d'Épées
Surtout pas de précipitation dans ce domaine. Il faut que je prenne mon temps, mais que je garde mon esprit alerte, reste ouverte aux

opportunités et signes qui seront sur ma route. C'est un bon moment pour réfléchir à ma façon de communiquer ou à ce que je désire dans ce domaine.

La carte de derrière : l'Étoile
Je dois me rappeler que je suis au bon endroit au bon moment, en train de retrouver mon équilibre, ma boussole interne. Je peux avoir de l'espoir dans ce domaine. Je poursuis mon chemin avec sensibilité, en laissant ma vulnérabilité s'exprimer. J'avance vers du positif.

Un conseil pour se jeter à l'eau, se lancer dans un nouveau chapitre

Après avoir mélangé ton paquet, cherche la carte du Fou/Mat.

La carte qui est devant est ce qui joue en ta faveur, ta force pour te lancer ; la carte derrière, ce qui t'empêche de concrétiser ce projet.

La carte de devant : le Roi de Pentacles
J'ai les capacités et les compétences pour me lancer. Je dois me faire confiance. Tout se passera bien.

La carte de derrière : le Sept de Coupes
Mon futur est encore assez flou, je n'ai pas tous les éléments en main. Il me manque des éléments, j'ai du mal à me projeter. J'ai peut-être besoin de poser les choses.

Mon conseil d'amour : ....

La carte de devant : ....

Mon interprétation : ....

....

....

....

Mon conseil d'amour : ....

La carte de devant : ....

Mon interprétation : ....

....

....

....

Mon conseil pour me jeter à l'eaur : ....

La carte de devant : ....

Mon interprétation : ....

....

....

....

Mon conseil pour me jeter à l'eau : ....

La carte de devant : ....

Mon interprétation : ....

....

....

....

Love/hate

Quelle est ta carte préférée ? ....

Pourquoi est-ce que cette carte te parle tout particulièrement ? ....

....

....

....

....

....

....

....

....

....

....

....

....

Quelle est la carte que tu aimes le moins, que tu as le plus de mal à interpréter ? ....

Pourquoi ? Est-ce qu'elle t'évoque une peur ou une gêne en particulier ?

....

....

....

....

Comment associer les cartes ?
Pas de panique, ce n'est pas si difficile que ça ! Tirer plusieurs cartes pour une seule question permet d'approfondir la réponse, d'avoir plus d'éléments d'analyse. Ici, il faut reprendre la technique du story-board. Est-ce que ces cartes se complètent ? Y a-t-il une thématique commune, une chronologie qui ressort ?

Prenons des exemples concrets :
Je ne me sens pas bien dans ma situation professionnelle, j'ai une idée de projet en tête mais je ne sais pas si c'est le bon moment pour me lancer.
Les cartes tirées sont : le Pendu et le Deux de Bâtons.
L'interprétation : clairement, les cartes me montrent que je me sens bloquée dans cette situation, je ne suis pas à l'aise, je n'arrive pas à m'épanouir, je me sens empêchée d'agir. Il est temps pour moi de penser à la suite, à mon futur professionnel. Je ne dois pas rester dans l'inaction.

Interprétation des cartes

Tu es célibataire, tu viens de faire une rencontre et tu te demandes si ça peut marcher entre vous :

Tu as un projet professionnel et tu voudrais savoir comment le concrétiser :

Tu n'es pas très heureux·se dans ta vie et tu te demandes ce que tu peux faire pour changer les choses :

Réponses

Les Amoureux + la Lune : oui, il peut y avoir une belle relation naissante à condition de travailler sur toi et ton lien à l'engagement. Des choix forts doivent être pris ici, tu dois abandonner une blessure du passé pour t'engager sereinement dans ton avenir.

Le Magicien + le Pape : pour concrétiser ce projet, tu devrais être accompagné·e par un·e coach, un·e mentor, quelqu'un qui pourra t'aiguiller dans tes choix. Tu as besoin de structure.
Par contre, la communication (Internet, écrit ou oral) sera ton fort ! N'hésite pas à travailler ton storytelling *et à te mettre en avant !*

La Maison Dieu + l'Impératrice : une belle transformation arrive, qui ne sera pas simple, peut-être même brutale, mais nécessaire. Il faut abandonner sans regret ce qui appartient au passé.
Tu devrais te reconnecter à ta créativité, ton corps, bouger, marcher, dessiner, écrire. Tout cela t'aidera beaucoup.

Tirage pleine lune

1. Où j'en suis dans ma vie.
2. Le cycle que je vais clôturer durant cette pleine lune.
3. Ma récompense, ce que je vais récolter.
4. Mon arcane guide.

Ton tirage de l'année

Le tirage de l'année, personnellement, je le fais une fois tous les ans depuis que j'ai commencé le tarot ; c'est un véritable appui pour affronter son année !

Pour chaque mois, tire 2 cartes qui symbolisent cette période, plus une carte conseil.
Ce tirage te permet de voir les cycles que tu traverses, les grands thèmes de ton année.
Et crois-moi, dans les mois « pas terribles », ça aide de savoir que le mois suivant sera dominé par la carte du Soleil, par exemple !

Mois : ....

Mes cartes : ....

Mon interprétation : ....

....

....

....

Mois : ....

Mes cartes : ....

Mon interprétation : ....

....

....

....

Mois : ....

Mes cartes : ....

Mon interprétation : ....

....

....

....

Mois : ....

Mes cartes : ....

Mon interprétation : ....

....

....

....

Mois : ....

Mes cartes : ....

Mon interprétation : ....

....

....

....

Mois : ....

Mes cartes : ....

Mon interprétation : ....

....

....

....

Mois : ....

Mes cartes : ....

Mon interprétation : ....

....

....

....

Mois : ....

Mes cartes : ....

Mon interprétation : ....

....

....

....

Mois : ....

Mes cartes : ....

Mon interprétation : ....

....

....

....

Mois : ....

Mes cartes : ....

Mon interprétation : ....

....

....

....

Mois : ....

Mes cartes : ....

Mon interprétation : ....

....

....

....

Mois : ....

Mes cartes : ....

Mon interprétation : ....

....

....

....

Résumé de mon année : ....

....

....

....

Je vais devoir travailler principalement sur : ....

....

....

....

Ma force : ....

....

....

....

Ce que je redoute : ....

....

....

....

....

....

Mes objectifs de l'année : ....

....

....

....

....

....

....

Dans un an, je serai fier·ère de moi car j'aurai réussi à : ....

....

....

....

....

....

....

Ton tirage roue astro

On va parler un peu astrologie à présent ! Si tu regardes ta carte du ciel, tu peux y voir 12 maisons, et chacune représente un domaine de ta vie : travail, amour, relations, passions... un guide complet de ta personnalité ! Et toutes les maisons sont associées à un signe astro qui va dominer ce thème.

Le tirage de la roue astro fait partie des grands classiques. Une carte par maison.
Que tu peux compléter en plus d'une lecture avec un astrologue pour te connaître davantage.

Prends ta carte du ciel à côté de toi pour une interprétation plus précise !

Maison 1 : ta personnalité sociale

Comment les autres te perçoivent-ils ?

Mon interprétation : ....

....

....

Maison 2 : l'argent

Quelles sont mes ressources, où vas-tu trouver de la stabilité ?

Mon interprétation : ....

....

....

Maison 3 : communication

Comment mieux exprimer tes sentiments ?

Mon interprétation : ....

....

....

....

Maison 4 : tes racines

Quels enseignements peux-tu tirer de tes racines ?

Mon interprétation : ....

....

....

....

Maison 5 : ta passion

Ce qui va t'aider à développer ta créativité.

Mon interprétation : ....

....

....

....

Maison 6 : ton travail

Comment allier ton travail et ton bien-être ?

Mon interprétation : ....

....

....

....

Maison 7 : tes relations

Comment favoriser, faire grandir cette relation, amoureuse ou professionnelle ?

Mon interprétation : ....

....

....

....

Maison 8 : transformation

Ce que tu dois affronter pour te transformer, évoluer.

Mon interprétation : ....

....

....

....

Maison 9 : spiritualité

Ce qui va t'aider à enrichir ta spiritualité ?

Mon interprétation : ....

....

....

....

Maison 10 : réussite sociale

Dans quel domaine tu es/seras reconnu·e ?

Mon interprétation : ....

....

....

....

Maison 11 : ton entourage

Ce que tu apportes à ton entourage.

Mon interprétation : ....

....

....

....

Maison 12 : introspection

La leçon spirituelle que tu dois apprendre.

Mon interprétation : ....

....

....

....

Tarot et numérologie

Pour mieux te connaître grâce au tarot, je te propose un calcul de numérologie que j'aime particulièrement : l'arcane du chemin de vie.

Il faut additionner tous les chiffres ensemble pour obtenir un numéro entre 1 et 22.

Le 22 correspondant au Fou/au Mat.

Par exemple, James est né le 23/06/1992.

2 + 3 + 6 + 1 + 9 + 9 + 2 = 32. Si le résultat dépasse 22, il faut additionner à nouveau.

Donc 32, 3 + 2, l'arcane du chemin de vie de James est le 5, le Pape.

Quelle carte majeure te correspond ? ....

Mon arcane de chemin de vie : ....

....

....

Est-ce que je me reconnais dans cette carte ? ....

....

....

....

1. Le Magicien/le Bateleur

Une personnalité de leader. Indépendant·e, beaucoup d'énergie qu'il faut arriver à canaliser. Un fort caractère !

2. La Papesse

Une personne sage, intuitive, diplomate, qui aime s'associer aux autres. L'union fait la force ! La recherche d'équilibre et d'affirmation sera importante dans cette vie.

3. L'Impératrice

Tu as une personnalité créative, tu aimes explorer, peut-être un peu trop car, comme l'Impératrice, tu aimes commencer des projets mais tu peux avoir du mal à t'y tenir sur le long terme !

4. L'Empereur

Comme l'Empereur, le travail est important dans cette vie. Tu es déterminé·e et tu ne redoutes pas de faire des efforts pour concrétiser tes objectifs. La stabilité se confirme véritablement après la trentaine.

5. Le Pape

Une chose est sûre, cette vie sera mouvementée ! Tu n'as pas peur du changement et d'apprendre directement sur le terrain. Le challenge de cette vie sera pour toi de trouver ton ancrage.

6. Les Amoureux/l'Amoureux

Tes relations aux autres seront importantes. Tu as une belle empathie. Ton défi dans cette vie sera de t'affirmer, sans trop te sacrifier ; tu dois trouver ta place et faire des choix forts. Ce qui ne sera pas toujours facile.

7. Le Chariot

Comme l'indique la carte du Chariot, si tu choisis un chemin et que tu travailles sur toi, la progression sera belle et intéressante. Mais si tu hésites entre plusieurs options, si tu doutes trop de toi, tu risques de stagner dans cette vie.

8. La Justice

Cette vie est placée sous le signe de la droiture, du travail, de l'ambition. Il y a un très grand investissement personnel, mais attention à ne pas s'épuiser à la tâche !

9. L'Hermite

C'est le chemin de la recherche, de la spiritualité. Tu es une personne curieuse, qui aime découvrir et apprendre d'autres cultures. Tu es également très généreux·se. Il faut arriver à trouver un ancrage dans cette vie.

10. La Roue de Fortune

Dans cette vie, tu connais de belles opportunités et, si tu t'en donnes les moyens, tu es capable d'accomplir de grandes choses ! Il est important dans ce chemin de se laisser surprendre par le destin.

11. La Force

Tu as de belles qualités de visionnaire et des idées à transmettre. L'important dans cette vie est d'arriver à te maîtriser. De trouver ton équilibre, comme le lion et la femme de la carte !

12. Le Pendu

Dans cette vie, tu devras sans doute faire face à des obstacles sur ta route. Mais c'est ce qui fera ta force et ta sagesse. Trouver des solutions, prendre du recul, se remettre en question... tu rebondis facilement.

13. La Mort

Au cours de ta vie, tu pourras traverser de profondes transformations, mais tu t'en relèveras toujours la tête haute ! Cette carte est associée au Scorpion du zodiaque. Sa force est de se réinventer et de se relever après chaque obstacle.

14. La Tempérance

Le challenge de la Tempérance est de conserver son équilibre. De ne pas tomber dans les extrêmes. Ta vie sera donc sans doute mouvementée, inconstante parfois. La construction est lente.

15. Le Diable

Tu as une personnalité passionnée et intense. Il faudra toujours que tu cherches à construire sur des bases stables et surtout à dominer ton instinct impulsif !

16. La Maison Dieu/la Tour

Pour ton évolution, il est important de toujours faire les choses en conscience. De prendre le temps de réfléchir certes, mais aussi d'agir. Et en cas de chute, tu devras te relever et ne pas rester dans une nostalgie paralysante.

17. L'Étoile

Cette vie peut être très agréable, ta bonne étoile est au-dessus de ta tête. Tu as un monde intérieur riche et tu es plein·e de douceur. L'important pour toi est de toujours écouter ta boussole interne, de rester aligné·e.

18. La Lune

Une chose est certaine avec cette carte, tu as beaucoup de créativité, d'intuition et d'empathie. Tu devras certainement aussi travailler sur des blessures, des expériences personnelles peut-être douloureuses mais enrichissantes.

19. Le Soleil

Comme le Lion de l'astrologie, c'est la carte des personnalités qui sont amenées à briller. Tu as de l'ambition et beaucoup de capacités, mais attention à ton orgueil !

20. Le Jugement

Dans cette vie, tu connaîtras une véritable renaissance. Un vrai phénix ! Une évolution incroyable, qui te poussera à une profonde introspection.

21. Le Monde

Cette carte montre que tu peux concrétiser tes rêves et t'élever socialement. Le Monde parle aussi de lien aux autres, d'échanges et de partir à l'étranger. Ne te bride pas ; par contre, un conseil, ne te disperse pas trop dans plusieurs projets à la fois !

22. Le Fou/le Mat

Cette carte est à double tranchant, si tu travailles sur toi et que tu maîtrises ce chemin, tu seras capable de te lancer dans de grands projets et de t'élever socialement. Par contre, si tu ne travailles pas correctement, tu risques de te retrouver dans le côté vagabond du Fou. Sans but précis et errant.

Quelques conseils pour faire des tirages pour les autres

Faire des tirages pour ses proches ou des étranger·ère·s est une très belle expérience. C'est enrichissant, un peu stressant au début, et cela implique une grande responsabilité.
Il faut faire attention à bien choisir ses mots pour ne pas heurter la sensibilité du·de la consultant·e. Et avoir une bienveillance dans le regard que l'on porte sur les histoires de vie. Notre mission est de guider, faire passer un message, non pas de juger !

1. Se faire confiance

Si c'est toi qui choisis les cartes dans le cadre d'un tirage à distance, ou si tu interprètes seulement, il faut te faire confiance !
Prends les cartes qui t'appellent, celles qui se démarquent des autres. Ensuite, avec toutes ces cartes, crée-toi une histoire, comme si tu étais face à un story-board ou une bande dessinée.
Tu peux te demander quel est le thème principal du tirage. S'il y a un message qui ressort plus. Dans quel cycle se trouve le·la consultant·e ?

2. S'entraîner

À partir du moment où je connaissais les cartes par cœur, j'ai commencé à m'entraîner sur des « cobayes » pour réaliser des tirages à distance !
D'abord avec des ami·e·s proches, dont je connaissais bien la vie, pour voir si mon choix de cartes correspondait.
Ensuite, j'ai pratiqué sur des ami·e·s d'ami·e·s, des gens que je n'avais jamais rencontrés.
Je trouve que c'est l'exercice qui m'a permis d'être réellement confiante quant à la qualité de mes consultations.

3. Mettre un cadre

Tu n'es obligé·e à rien: s'il y a des sujets dont tu ne veux pas parler comme la santé, rien ne t'y oblige. C'est à toi de fixer tes règles!

4. Les tirages à distance

Voici ma préparation, mon rituel, pour faire les tirages à distance:

- Je m'installe par terre, pour être plus ancrée, mais quand même avec une tasse de thé et un plaid, c'est plus confortable!
- Je fais une méditation de 5 à 10 minutes avec la photo de la personne.
- Je mélange, coupe les cartes, je me frotte les mains pour activer l'énergie.
- Je demande l'autorisation, en précisant que mes intentions sont bonnes et que je souhaite faire la guidance la plus juste possible pour la personne.
- Une fois le tirage et la consultation faits, je passe mes mains et avant-bras sous l'eau pour décharger les énergies.

IV. S'amuser

Crée ta carte, à partir de ces dessins.

Mon tirage

....

1. ....

2. ....

3. ....

4. ....

5. ....

Mon tirage

....

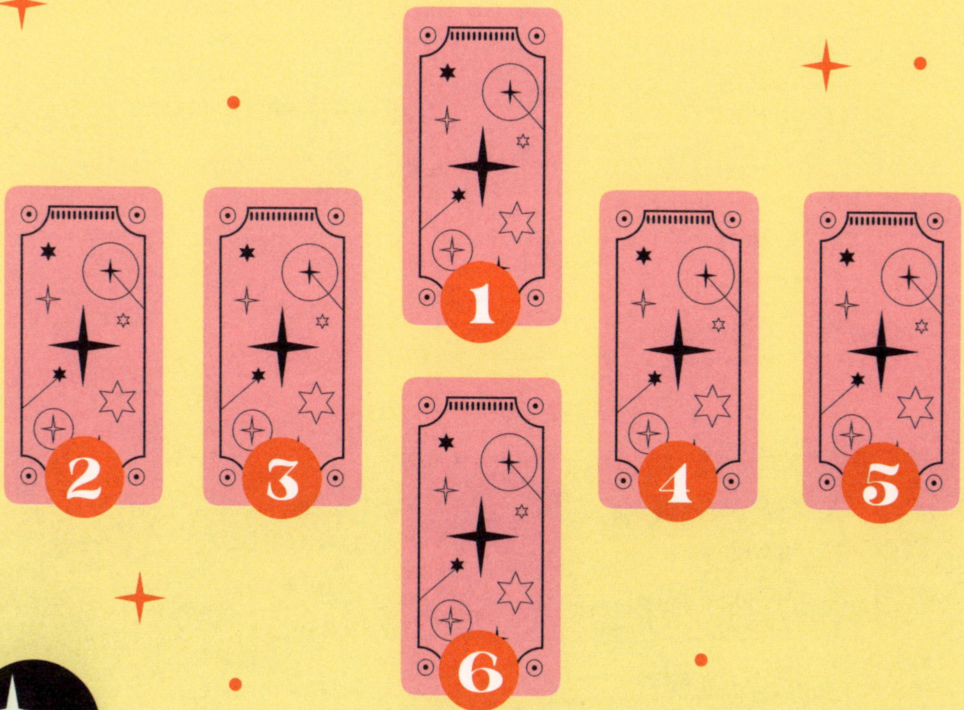

1. ....
2. ....
3. ....
4. ....
5. ....
6. ....

Quizz

À quel arcane je ressemble le plus ?

Ton personnage de fiction préféré :

- ☐ **A.** Bridget Jones
- ☐ **B.** Hermione Granger
- ☐ **C.** Han Solo
- ☐ **D.** Dracula

Ce qui t'angoisse en amour :

- ☐ **A.** Une vie sexuelle trop plan-plan
- ☐ **B.** Les couples fusionnels
- ☐ **C.** La routine
- ☐ **D.** Le manque de passion

Ta plus grande qualité :

- ☐ **A.** Ta créativité
- ☐ **B.** Ta sagesse
- ☐ **C.** Ton audace
- ☐ **D.** Ton charisme

L'élément de ton signe solaire :

- ☐ **A.** Eau
- ☐ **B.** Air
- ☐ **C.** Terre
- ☐ **D.** Feu

Ton métier idéal :

- ☐ **A.** Fleuriste
- ☐ **B.** Chercheur·se
- ☐ **C.** Inventeur·se
- ☐ **D.** Artiste

L'élément de ton signe lunaire :

- ☐ **A.** Eau
- ☐ **B.** Air
- ☐ **C.** Terre
- ☐ **D.** Feu

Dans ton sac, il y a toujours :

- ☐ **A.** Un carnet pour écrire
- ☐ **B.** Un livre
- ☐ **C.** Un couteau suisse
- ☐ **D.** Un briquet

Ton rêve le plus fou :

- ☐ **A.** Lancer ton business
- ☐ **B.** Publier un livre
- ☐ **C.** Faire le tour du monde
- ☐ **D.** Le combo des trois réponses

Dans quelle ville aimerais-tu vivre ?

- ☐ **A.** Paris
- ☐ **B.** Plutôt petit village à la campagne
- ☐ **C.** Londres/Tokyo/Rio de Janeiro, au choix
- ☐ **D.** Los Angeles

Ton mot préféré :

- ☐ **A.** Plaisir
- ☐ **B.** Spiritualité
- ☐ **C** Destinée
- ☐ **D.** Passion

Majorité de A : l'Impératrice, B : l'Hermite, C : le Fou, D : le Diable.

Ton nom de tarot reader

	Ton ascendant	Ton signe solaire
Bélier	L'Empereur	Loyal·e
Taureau	Le Pape	Gourmand·e
Gémeaux	L'Amoureux	Charmant·e
Cancer	Le Chariot	Sensible
Lion	La Force	Doré·e
Vierge	L'Hermite	Saphir
Balance	La Justice	Majestueux·se
Scorpion	La Mort	Phénix
Sagittaire	La Témpérance	Poétique
Capricorne	Le Diable	Onyx
Verseau	L'Étoile	Rebelle
Poissons	La Lune	Rêveur·euse

Alors, quel est ton nom ?

....

Mes notes

pca
cmb
édition pré-presse
livres numériques

44400 Rezé

Imprim en Europe par Gr Presse

À propos de l'auteure

Caroline Drogo est artiste-illustratrice, auteure et tarologue, un peu touche-à-tout. À travers ses différents projets, elle aime créer un langage coloré et magique, accessible à tou·te·s. Elle fait également des consultations de tarot et numérologie, en privé ou en événementiel.

Retrouvez-la sur Instagram : @carolinedrogo
Ou sur son site : www.carolinedrogo.com